ZHONGGUO ZHUANGBEI ZHIZAO QIYE
DITAN JISHU CHUANGXIN XINGWEI
KUOSAN JIZHI YANJIU

中国装备制造企业
低碳技术创新行为
扩散机制研究

——基于复杂网络视角

徐莹莹 吕希琛 著

中国财经出版传媒集团

经济科学出版社
Economic Science Press

图书在版编目（CIP）数据

中国装备制造企业低碳技术创新行为扩散机制研究：
基于复杂网络视角／徐莹莹，吕希琛著. —北京：经济
科学出版社，2020.11
ISBN 978 - 7 - 5218 - 2067 - 6

Ⅰ.①中… Ⅱ.①徐… ②吕… Ⅲ.①制造工业 -
节能 - 产业发展 - 研究 - 中国 Ⅳ.①F426.4

中国版本图书馆 CIP 数据核字（2020）第 223033 号

责任编辑：崔新艳
责任校对：王苗苗
责任印制：李 鹏 范 艳

中国装备制造企业低碳技术创新行为扩散机制研究
——基于复杂网络视角

徐莹莹 吕希琛 著
经济科学出版社出版、发行 新华书店经销
社址：北京市海淀区阜成路甲 28 号 邮编：100142
经管编辑中心电话：010 - 88191335 发行部电话：010 - 88191522
网址：www. esp. com. cn
电子邮箱：espcxy@ 126. com
天猫网店：经济科学出版社旗舰店
网址：http：//jjkxcbs. tmall. com
北京季蜂印刷有限公司印装
710×1000 16 开 12.5 印张 200000 字
2020 年 12 月第 1 版 2020 年 12 月第 1 次印刷
ISBN 978 - 7 - 5218 - 2067 - 6 定价：58.00 元
（图书出现印装问题，本社负责调换。电话：010 - 88191510）
（版权所有 侵权必究 打击盗版 举报热线：010 - 88191661
QQ：2242791300 营销中心电话：010 - 88191537
电子邮箱：dbts@ esp. com. cn）

本书受到教育部人文社会科学研究项目（19YJC790092）资助

前 言

Preface

随着环境污染、资源耗竭和全球气候变暖等问题的出现，发展低碳经济已成为全球关注的政策和经济议题，发展低碳技术和推动低碳技术创新的商业化扩散是提高能源利用率进而实现节能减排目标的根本途径。装备制造业是中国的重要经济部门，同时也是能源消耗和环境污染的主要部门。据此，本书力求挖掘中国装备制造企业低碳技术创新行为扩散机理、构建低碳技术创新行为扩散的动力机制、激励机制以及评价与调节机制，为中国装备制造企业低碳转型提供理论依据。

第一，本书揭示了中国装备制造企业低碳技术创新行为扩散机理。发现创新意愿、创新态度、主观规范、知觉行为控制是影响低碳技术创新行为扩散的主要因素。其中，创新意愿对低碳技术创新行为扩散有显著正向驱动作用；创新态度、主观规范和知觉行为控制分别通过正向影响创新意愿对低碳技术创新行为扩散具有间接驱动作用。

第二，本书构建了复杂网络视角下中国装备制造业低碳技术创新行为扩散的动力机制。利用复杂网络下的演化博弈模型构建中国装备制造业低碳技术创新行为扩散的动力模型，经计算机模拟扩散网络的演化过程和结果发现，网络规模对扩散速度均有显著影响，规模越大扩散速度越慢。只有当所有装备制造企业选择实施低碳技术创新策略增加的收益大于总投入量时，网络才可最终稳定于扩散深度为100%的稳定状态，当存在选择实施低碳技术创新策略增加的收益少于投入的装备制造企业时，网络最终的扩散深度具有不稳定性。

第三，本书构建了复杂网络视角下中国装备制造业低碳技术创新行为扩散的激励机制。研究了碳税、投入补贴和惩罚措施三种规制手段对中国装备制造企业低碳技术创新行为扩散的影响，结果发现，在符合小世界网络特征的装备制造企业行为扩散网络中，网络规模越小，实施碳税和惩罚措施的推动作用越强；网络规模越大，补贴措施的促进作用越大；在符合无标度网络特征的装备制造企业行为扩散网络中，网络规模越大，碳税的推动作用越显著，相反，规模越小的网络对补贴力度的敏感性越强，而不同规模的网络对罚款力度的敏感性无明显差异。

第四，本书构建了中国装备制造企业低碳技术创新行为扩散评价体系，并针对评价结果提出复杂网络视角下的扩散调节机制。结果发现，装备制造企业协同能力对低碳技术创新行为扩散效果有显著正向影响。网络中心度和结构洞对低碳技术创新行为扩散效果均有显著影响，且在装备制造企业协同能力和低碳技术创新行为扩散之间起部分中介作用。技术能力对装备制造企业协同能力和低碳技术创新行为扩散有正向调节作用，且中心度和结构洞在其中起中介作用。

　　第五，本书从政府、企业、公众三个层面提出了促进中国装备制造企业低碳技术创新行为扩散的保障对策。政府保障对策研究包括构建企业低碳技术创新行为政策体系、市场有效竞争和低碳环保社会文化三个方面内容；企业保障对策研究包括提高装备制造企业协同能力、优化装备制造企业关系网络、提高装备制造企业技术能力三个方面内容；公众保障对策研究包括树立公众低碳环保意识和有效参与低碳环保监督两方面内容。

　　本书由哈尔滨理工大学经济与管理学院教师徐莹莹和吕希琛共同撰写。其中，徐莹莹负责全书的逻辑梳理及第1至第4章的撰写工作，约10万字。吕希琛负责第5至第7章的内容撰写及全书的校对工作，约10万字。内容或有不足或欠妥之处，敬请各位读者不吝指正。

　　最后，感谢教育部人文社会科学研究项目（19YJC790092）的资助，感谢参与此书编撰及修改的所有老师，同时感谢经济科学出版社对本书出版的支持。

作　者

2020 年 10 月

目　录

Contents

第1章 绪　　论

1.1　研究背景、目的及意义

1.1.1　研究背景

当前，由于化石燃料过度消耗导致的全球变暖已经引起了世界范围的广泛关注，发展低碳经济已成为各国共同的责任（徐建中，2017）。我国先后颁布了《低碳产品认证办法》、部分行业《企业温室气体排放核算方法与报告指南》等相关文件，建立了地方低碳工业园区，部分城市已经建设了碳排放市场，于2017年启动全国碳排放交易体系，《环境法》也在2018年开始实施，在党的十八大及十八届三中、四中和五中全会报告中都反复提到"低碳发展""绿色发展"，装备制造低碳节能化是我国装备制造业"十三五"规划的重点内容（孟凡生，2018）。

在国民经济中，装备制造业是为各行业提供技术装备的战略性产业，具有较高的产业关联度、技术资金密集度，以及较强的吸纳就业的能力，是关系国家经济安全和国防安全，对国民经济健康发展和增强国家竞争力有着重要意义的战略性、支柱性产业，在我国国民经济发展中起着主导作用。然而，装备制造业同时也是我国能源消耗和环境污染的主要部门。据统计，我国装备制造业能源消耗碳排量占工业用能源碳排量和行业总能源消耗碳排量比例均超过一半，远远超过交通、民用和商业用能源碳排量。装备制造企业作为装备制造业的微观主体，这些资源环境和高碳排问题必定会使装备制造企业面临越来越多的环境限制，如何应对环境规制、降低资源消耗和碳排放已成为装备制造企业要解决的关键问题。低碳技术创新是装备制造企业实现经济目标和环境目标的重要方式。符合环境发展要求的低碳技术创新行为能够通过开发新产品、改进生产过程等活动提高资源利用率、生产效率和利润率，降低生产和消费中的环境外部性损失，使企业以最小的成本解决环境问题，促进整个装备制造业的可持续发展和低碳化水平。在这样的背景下，装备制造企业必须积极采取低碳技术创新行为。

装备制造企业低碳技术创新行为是一种学习和模仿的过程，低碳技术创新行为扩散则是以装备制造企业构成的复杂网络为载体形成的从微观向宏观涌现的过程。因此本书以复杂网络理论为视角研究中国装备制造企业低碳技术创新行为扩散机制，力求促进中国装备制造产业的低碳快速发展。

1.1.2 研究目的

本书的总体目的是从复杂网络视角研究中国装备制造企业低碳技术创新行为扩散机制，以期望促进中国装备制造企业低碳技术创新行为的扩散，进而加快中国装备制造业的低碳转型。具体目标如下：

第一，探究中国装备制造企业低碳技术创新行为扩散机理，辨析中国装备制造企业低碳技术创新行为扩散的主要影响因素及作用机理，揭示中国装备制造企业低碳技术创新行为扩散机理。

第二，设计和构建复杂网络视角下中国装备制造企业低碳技术创新行为扩散机制体系。分别研究和构建复杂网络视角下中国装备制造企业低碳技术创新行为扩散的动力机制、激励机制和评价与调节机制。

第三，提出促进中国装备制造企业低碳技术创新行为扩散的保障对策。根据复杂网络视角下中国装备制造企业低碳技术创新行为扩散动力机制、激励机制和评价与调节机制的研究结论，分别从政府宏观调控视角、装备制造企业发展视角和公众视角提出保障对策。

1.1.3　研究意义

1. 理论意义

低碳技术创新是实现低碳经济发展的根本途径，传统的技术创新理论是在工业文明实践的基础上形成的，然而，随着生态环境的不断恶化、资源的逐渐枯竭、温室效应的日趋显著，传统的技术创新理论已经不能适应可持续发展的要求，迫使传统技术创新理论向具有"低碳"特征的低碳技术创新理论转化。对低碳技术创新行为的研究为技术创新理论研究开辟了的一个新领域，它是一项涵盖经济学、管理学、环境学等多门学科的科学。本书根据国内外现有的研究成果，结合装备制造企业的特点，将复杂网络理论引入装备制造企业低碳技术创新行为扩散的研究，突出了企业作为行为主体的复杂性和动态性，创新性地应用复杂网络演化博弈理论来探究低碳技术创新行为扩散的动力机制和激励机制，构建低碳技术创新行为扩散评价模型，提出调节机制。同时对于其他行业或者企业的低碳技术创新行为扩散的发展也具有参考价值。通过对装备制造企业低碳技术创新行为扩散机制的研究，拓展了技术创新理论的研究领域，为低碳技术创新行为扩散的进一步研究打下理论基础。

2. 实际应用意义

实现低碳发展不仅是中国装备制造企业自身可持续发展的要求，也是国家低碳经济发展的必然要求。目前，中国装备制造企业实施低碳技术创新行为的意愿和能力都存在问题，且处于初级阶段，究其原因，既与装备制造企业经营管理者对低碳技术创新行为认识不足和重视不够相关，也与低碳技术创新行为研究相对薄弱和落后有关。探索装备制造企业低碳技术创新行为的扩散机制有利于促进中国装备制造企业低碳发展。本书对装备制造企业低碳技术创新行为扩散机理的研究有助于企业和有关部门把握和理解低碳技术创新行为扩散的内在机理，对装备制造企业低碳技术创新行为扩散动力机制、激励机制、评价与调节机制的研究，为企业实施低碳技术创新行为的决策过程以及政府部门制定相关的政策法规提供了有益借鉴。

1.2　国内外研究现状

1.2.1　国外研究现状

1. 装备制造企业创新的相关研究

装备制造业是我国的概念，国外的"设备制造业"和"机械制造业"的概念与我国的"装备制造业"的概念基本相同，本书将对国外"设备制造业"和"机械制造业"的相关成果进行阐述。爱博纳西和克拉克（Abernathy and Clark, 1989）对比研究了美国机械制造业发展前的阶段和发展后的阶段，发现在美国机械制造企业的发展过程中会产生绩效下降或停止增长的现象，从而陷入技术僵局，缺乏创新是企业出现这种状态的根本原因。克鲁格曼（Krugman, 1994）的研究显示，在亚洲只有日本的装备制造企业的生产活动是以技术创新为基础实施的，亚洲其他地区装备制造企业的经济效益增长都是以大量的资源投入为基础的。麦乐巴和奥赛内格（Malerba and Orsenigo, 1999）通过对 1978～1999 年间美国、英国、法国、德国、日本、意大利六个国家的装备制造企业的发明专利数量进行研究，发现这些国家的装备制造企业主要以破坏性创新行为为主。卡拉夫斯基和迈克菲森（Kalafsky and Macpherson, 2005）通过比较 2000 年和 2004 年美国 104 家机床生产商的数据，发现美国许多中小规模机床生产商已经停止运转或已经部分地缩减生产规模，通过分析美国机床工业竞争力丧失的原因，以及日本、德国机床工业竞争力提升的原因，认为创新是机床工业发展和竞争力提升的重要手段。汤姆林森（Tomlinson，2010）运用 436 个制造企业的调查数据探讨了合作关系对英国 5 类制造业创新（包括产品和工艺创新）的影响，结果发现纵向合作关系是创新绩效的显著影响因素。乔彬（Qiao，2011）等运用层次分析法和熵权法确定了陕西省装备制造企业技术创新模式影响因素的权重，从评价结果可以看出，装备制造企业的影响因素包括技术创新水平、市场因素、生产要素水平和产业组织效率等。随后，运用模糊评价方法对典型的装备制造企业进行实证分析，结果表明企业处于"中等"和"好"之间。孙弘毅（Hongyi，2012）等提出了一个允许研究人员调查战略因素，操作因素和创新过程的多层次模型，并基于此模型对我国香港地区的 7 家案例制造企业的创新能力进行了评价。博斯（Bos，2013）等对 21 个欧洲制造企业的创新模式进行研究，结果显示当一个行业处于发展的初级阶段时，创新程度比较高，当一个行业处于成熟阶段时，创新程度比较低，并且随着行业的成熟，产品创新程度逐渐降低，工艺创新程度逐渐提升。特里爱尼（Trianni，2013）对意大利北部 20 个初级中小型金属制造企业的能源利用效率的影响因素进行分析，发现企业规模、产品和工艺创新是主要影响因素，更多的产品创新型企业似乎对行为壁垒和节能技术相关的壁垒感知较低。桑彻兹等（Sanchez et al.，2013）将创新因素分为四个基本类别：研发投入，研发产出，创新内部组织和外部关系，基于西班牙制造企业的面板数据，验证了创新对企业对外商直接投资的吸收能力的驱动作用。

2. 企业行为相关研究

企业行为理论作为企业存在价值的基础体现，为企业环境技术创新行为的研究提供了理论基础。企业行为属于产业组织理论的研究范畴，主要运用哈佛学派的 SCP 范式对其进行研究，即按照"结构—行为—绩效"这一研究范式对其进行分析，并在研究中特别强调市场结构的作用，根据相关分析结果提出相应的政策建议。20 世纪 70 年代以后，随着博弈论和交易费用理论的产生，学者们开始逐步深入对企业行为的研究，拓展了企业行为的研究视角，形成了新产业组织理论。将博弈论用于企业行为的分析中，使企业行为的研究逐渐理论化。其中，法国经济学家吉恩·泰勒尔是典型的代表学者，他运用经验统计和逻辑演练的工具，以及数学理论分析模型分析了原本经验主义的企业行为，运用博弈论分析了企业间合作战略行为，为企业行为理论的研究开辟了一个新的方向。将交易费用理论运用到企业行为的分析中，可以将企业行为更加现实、合理的解释出来，从而使人们更加深入地了解企业理论、企业行为等问题。学者们对这两种理论的应用，促进了新产业组织理论的形成，新产业组织理论更加侧重于对企业长、短期价格竞争行为、默契谋和行为等策略性行为的研究，这无形中增加了企业行为研究的深度和广度。

3. 企业低碳行为相关研究

目前，企业低碳行为的概念还没有统一，它的称谓也存在争议，学者们主要对企业环境行为有了一些基本统一的概念，如表 1-1 所示。但其内涵基本一致，都强调企业主动采取行动预防和解决环境问题，积极参与生态环境污染治理，减少对环境的破坏。

表 1-1　　　　　　　　　　企业环境行为的相关概念

称谓	概　　念
企业环境行为	指在不影响企业商业运营的前提下，采取的与环境相关的一系列策略，来应对外在压力和降低对环境的危害
企业亲环境行为	指企业采取的降低对环境的污染，甚至促进环境保护的行为
企业绿色行为	指企业主动采取使用清洁生产技术、处理废弃物、降低废弃物物排放、提高资源利用率、采购先进环保设备等的一系列措施，以解决环境问题

资料来源：王宇露，江华. 企业环境行为研究理论脉络与演进逻辑探析 [J]. 外国经济与管理，2012 (8)：25-34.

目前，国外关于企业低碳行为影响因素的研究主要集中在企业外部环境压力因素和企业自身因素两个方面。企业的外部环境压力因素主要包括规章制度压力、社区压力、贸易协定等。帕克和尼尔森（Parker and Nielsen，2009）对澳大利亚 999 家大型企业的低碳行为进行了分析，提出企业低碳行为受到环境规制中一些因素的影响。毕格兰（Biglan，2009）以环境的负外部性为视角，发现政府的强规制能够使企业将环境外部成本内部化到其生产成本中，从而对企业低碳行为产生影响。布鲁克斯和艾若拉（Brooks，1997；Arora，1999）对一些在有高投票率、较多环境利益组织的社区中经营的企业进行研究，发现这些企业的毒物释放量都相对较低。汉利克斯和弗洛利达（Henriques，1996；Florida，2001）的研究也表明企业为了建立和维护与所在社区之间的关系，会表现出更多的低碳行为。斯戴利（Stalley，2009）对经济全球化中的发展中国家的企业进行了研究，发现其低碳行为受到其交易者的环境标准作用的影响。企业自身因素主要包括企业规模、财务状况和企业员工认知因素等。威尔驰和毛利（Welch and Mori，2002）的实证研究得出，企业规模能够正向影响企业的低碳行为，企业规模越大，企业越容易实施良好的低碳行为。哈赛和伊根（Hussey and Eagan，2007）的调查结果显示，与中小型制造企业相比，大型制造企业采取低碳行为的积极性更高。葛特曼和恩哈特（Gottsman，1998；Earnhart，2002）认为财务状况好的企业，越愿意积极主动的实施低碳行为。唐宁和吉姆博尔（Downing and Kimball，1982）的研究结果显示，如果企业中的管理者非常注重企业环境形象，能够促进企业采取低碳行为。安德森和贝特曼（Andersson and Bateman，2000）认为企业成员环保意识的水平对企业低碳行为具有正向作用。

4. 企业低碳技术创新行为及其扩散相关研究

低碳技术创新也常被称为"绿色技术创新、生态技术创新"等。目前，学术界还没有对低碳技术创新界定出一个被广泛理解和认可的定义，导致了低碳技术创新称谓的不统一。斯里瓦斯塔瓦（Shrivastava，1995）指出，环境技术是一种使人类活动对环境影响最小化的生产方式、生产过程、生产设计、生产设备及生产工具等，并从生产方式、生产过程、生产设计、生产设备、生产工具以及环境承载力等方面界定低碳技术创新。波特和林德（Porter and Linde，1995）指出，低碳技术创新是一种能够提高企业生产效率、节约资源、降低成本、减少对环境不利影响的创新。詹姆斯（James，1997）认为低碳技术创新是一种能够有效减少对环境破坏、为消费者提供价值的新工艺或新产品。凯姆和史密斯（Kemp and Smith，2000）认为低碳技术创新是为了降低环境污染而开发的改进的技术、流程和产品。胡博尔（Huber，2008）认为低碳技术创新是技术创新的一种，一种技术创新是否属于低碳技术创新可以从这个新的技术或产品是否有助于显著提高生态效益，以及它是否满足可持续资源管理、环保技术、循环经济、零排放工艺等低碳技术创新战略来判断。兹格勒等（Ziegler and Nogareda，2009）从传统技术创新的概念出发，认为低碳技术创新为是技术创新的一种特殊类型，包括新环保产品创新和新环保工艺创新，以避免或减少对环境的负担，这个定义考虑了技术创新的三个方面，它必须基于新技术知识，它必须是已经实现的，并且它只对企业本身是创新的。

　　国外学者对企业低碳技术创新影响因素的研究主要有两种观点。一种观点是基于竞争视角，强调追求经济收益的影响作用。哈特（Hart，1995）的研究显示，企业采取主动的环境战略对企业竞争力的提升和竞争优势的形成具有促进作用。卡哈娜（Khana，2001）认为，企业决策者是否做出进行低碳技术创新的决策取决于对成本与收益的比较分析，以及对竞争优势的考虑，当企业净收益被分析为盈利时，才会主动低碳技术创新，当企业亏损时，则只会实施那些常规性的或者是强制性的行为。另外，班索和罗斯（Bansal and Roth，2000）分析了英国和日本的53 家企业的数据，发现获取竞争力、实现合法化和履行生态责任是企业生态响应的主要动机，这些动机又受一些情境变量的影响，如市场竞争的激烈程度、环境问题的重要程度、决策者的关注程度等。埃尔克（Il-ker，2012）利用结构方程模型验证了绿色产品创新对企业绩效和竞争力的提升具有促进作用。歌赛提和兰宁思（Ghisetti and Rennings，2014）以德国企业为样本，验证了旨在提高效率和节约成本的环境创新能够促进企业竞争力的提升。另一种观点基于制度视角，强调制度的影响作用。本索（Bansal，2005）认为制度压力是企业实施生态行为的主要动力。奥利弗、斯科特和哈夫曼（Oliver，1991；Scott，1995；Hoffinan，1999）

认为企业是否进行环境创新行为不仅仅取决于管理者的理性经济分析，还会受到政府管制、市场要求和社会期望等制度因素的影响。凯姆（2000）等认为规章制度能够诱发企业环境创新，不同的政策工具会对企业的环保意愿产生不同的作用，从客观上看，政府加强环境标准能够促进企业采取创新性。波特（1995）认为合理有效的环境规制政策能够产生技术创新补偿效应，使产业技术创新获得的效益超过环境规制带来的成本，激励技术创新，使产业在达到经济绩效的同时，实现较好的环境绩效。郝柏池（Horbach，2008）提出供需因素和政策制度因素是企业低碳技术创新的主要动力，实证研究了德国制造企业的面板数据，结果表明，环境规制、环境管理工具、技术能力等能够推动企业低碳技术创新。奈斯塔（Nesta，2014）研究了在不同的竞争环境下环境政策对技术创新的影响，发现环境政策对于高品质绿色专利的产生至关重要，且能够有效推动低碳技术创新。李英（Li，2014）对外界压力、低碳技术创新实践和绩效之间的关系进行了研究，结果显示，政府制度压力、竞争压力和海外客户压力能够促进低碳技术创新实践，低碳技术创新对企业的环境绩效有正向影响，并通过环境绩效影响经济绩效。除了以上两种主要观点外，也有学者提出了其他因素对企业低碳技术创新的影响。斯格姆彼得（Schumpeter，1942）认为企业低碳技术创新受到市场结构和组织规模的影响。贝丽丝和海威特（Baylis，1998；Hewitt，1999）的研究结果表明，大型企业具有较多的人才和筹集资金能力，更有能力去实施环境行为，获得创新机会。克里夫和里福尔德（Cleff，1999；Rehfeld，2007）的实证研究也表明，企业规模越大，越容易采取低碳技术创新。另外，斯特劳恩和罗伯茨（Straughan and Roberts，1999）的研究表明，来自高教育水平、高收入水平、自由政治原则的顾客的压力对企业环保倾向和行为的形成具有促进作用。此外，华盛顿和帕顿（Worthington and Patton，2005）认为，高层管理者在环境创新方面投入的时间和资源对企业是否采取环境创新具有重要影响，在企业达到遵循规制的底线以后，企业高管对低碳技术创新的影响会更显著。

5. 复杂网络视角下企业行为扩散研究

复杂网络理论源于复杂系统、图论和统计物理学研究。随着霍茨和斯特罗加茨（Watts and Strogatz，1998）在 *Nature* 期刊上发表关于小世界网络的群体动力学行为的开创性研究，以及巴拉巴西（Barabási，1999）在 *Science* 期刊上发表关于随机网络中标度涌现的开创性研究，复杂网络理论开始进入了飞速发展时期，迄今为止，复杂网络的研究不仅在理论层面有很深入的推进，而且在自然、社会、生物、工程技术等领域都有广泛应用。复杂网络作为复杂系统结构的抽象，它不仅能够用于分析复杂系统结构的拓扑特征，而且还可以用于分析网络结构与网络功能之间的关系、与网络动力学之间的关系、网络结构与功能的形成机制和演化规律等内容。

复杂网络传播动力学研究是复杂网络研究的一个重要方向，它主要涉及的是社会和自然界中各种复杂网络的传播机理与动力学行为以及这些行为高效可行的控制方法。其中，帕斯特（Pastor，2001）对指数限制的复杂网络以及无标度网络中的病毒传播行为进行了仿真研究，发现不同网络结构下的传播阈值不同，其后，博格纳和帕斯特（Boguna and Pastor，2002）进一步分析了关联网络上的传染病模型，发现对于 Markovian 形式的复杂网络，传播阈值与连通矩阵的最大特征值成反比，而莫里诺（Moreno，2002）则更加广泛地研究了具有异质性特征的复杂网络中传染病的传播和爆发过程。除了对复杂网络上的传染病传播过程进行研究，复杂网络传播动力学还涉及信息传播、舆论传播、知识传播、行为传播等内容。如格拉博夫斯（Grabowski，2006）研究了复杂网络上的舆论传播过程，布朗斯坦（Braunstein，2013）研究了复杂网络中的非共识意见传播过程，里根斯和科万（Reagans，2003；Cowan，2004）则研究了复杂网络中的知识扩散过程。雅根和格雷格（Yagan and Gligor，2012）研究了基于内容传播的随机复合网络上的传播动力学，强调巨元组的易感染性和雪崩传播过程之间存在精细的内在关系。威斯皮格纳尼（Vespignani，2012）基于海量数据对技术社会网络中的动态传播过程进行了综合性分析，强调信息传播和疾病传播的区别，如信息传播具有记忆性和社会强化作用，而疾病传播则没有这两种特征，但是疾病能够在同一条连边上进行传播，而信息传播一般只使用一次。

1.2.2 国内研究现状

1. 装备制造企业创新相关研究

近几年，国内学者关于装备制造企业创新的研究，主要集中在创新能力、创新绩效以及技术创新与其他因素之间的关系等方面。李随成等（2009）以组织学习、资源依赖和核心能力等为理论基础，对装备制造企业自主创新能力的影响因素进行了分析、归纳和实证研究，结果显示，交互学习能力、资源集成能力、创新核心能力和创新产出能力是影响自主创新能力的关键要素。陈劲等（2011）对全面创新投入框架下创新绩效的关键投入要素进行了分析，并通过对213个装备制造企业进行实证分析，得出投入项目是促进产品创新绩效、工艺创新绩效和平台创新绩效的关键因素。李随成等（2011）对装备制造企业供应商参与新产品开发和企业自主创新能力之间的关系进行了实证分析，结果显示，供应商参与新产品开发对企业自主创新能力具有正向作用，知识创造和关系互动对二者的关系具有明显的中介作用。胡耀辉（2013）以高端装备制造企业为例，对产业技术创新链进行了研究，结果表明，产业技术创新链能够使产业链、技术链和技术创新链三者处于相对平衡的状态，对它们之间的关系具有协调作用，从而促进企业从模仿走向自主创新。张美丽等（2013）应用二象系统理论对装备制造企业组织创新与技术创新的匹配进行量化研究，在此基础上，应用耦合协调理论构建匹配量化模型测度企业组织创新和技术创新的匹配情况，结果表明，组织创新的总体要低于技术创新，造成这一结果的原因在于组织创新中的文化和制度创新水平较低。贾晓霞等（2014）将网络嵌入分为技术嵌入与业务嵌入两个维度，将组织学习分为应用性学习和探索性学习两个维度作为中介变量，研究网络迁入对企业技术创新绩效的作用机理，对132家海洋工程装备制造企业进行实证分析，结果显示，技术嵌入仅对应用性学习具有正向作用，业务嵌入对应用性学习和探索性学习都具有正向作用，从而促进技术创新绩效的提升。

2. 企业行为相关研究

国内学者对于企业行为的研究比较早，大多数学者从企业行为的表面特征和形成过程来描述它的定义。黄泰岩（2018）将企业行为定义为受控于企业生产经营目标的活动。胡永明（2014）等认为企业行为是指企业为了达到经营目标所作出的一系列反应，它受到企业内部结构和外部环境的共同影响。从这一定义中可以看出，企业经营目标能够指引企业行为的发展，企业内、外部环境能够制约企业行为的发展。近年来，国内学者对企业行为的研究主要集中在企业行为特性、与政府规制、企业绩效之间的关系等方面。秦颖等（2004）以金属制造行业的五个公司为研究样本，应用"企业好行为"模型分析企业行为和企业环境绩效之间的关系，实证结果显示环境绩效对企业行为具有正向影响。张嫚（2005）基于利润最大化决策模型，构建了环境规制的反应函数，分析了环境规制对企业竞争力和企业行为的作用机制。卢少华等（2008）应用转移矩阵，对企业如何处理输入物流和信息流进行研究，分析了一般企业行为特性，提出了企业行为特性的转移矩阵表述方式，为研究企业行为开辟了一个新视角。吴二娇等（2012）对政策镶嵌度、企业行为与绩效三者之间的关系进行了研究，以拓展镶嵌自主性理论为基础，构建了三者之间关系的理论模型，实证检验表明，政策的获益性、信赖度与企业行为和企业绩效之间都具有正相关关系，而政策的复杂性与企业行为和企业绩效具有负相关关系。汪秋明等（2014）通过构建企业行为与政府补贴的动态博弈模型，对战略性新兴产业中政府补贴有效的条件和影响因素进行了探讨，并通过实证分析得出，政府补贴会促使潜在企业进入战略性新兴产业，但政府补贴并不能对战略性新兴产业中的企业科研投入产生促进作用。

3. 企业低碳行为相关研究

国内对企业低碳行为内涵研究的学者主要有：李富贵等（2007）指出

企业低碳行为是指企业为了应对环境中的不确定因素所实施的管理及其结果。张劲松（2008）将企业低碳行为定义为企业在面对环境政策规制的情况下，处理生产经营过程中对环境产生不利的影响因素的态度和过程。孟庆峰等（2010）认为企业低碳行为是指在政府压力、社会压力、消费者压力下，企业为了应对环境问题，根据自身发展情况、目标和战略所采取的一系列措施的集合。周曙东（2012）分别从资源节约、环境保护和经济效益三个角度对企业低碳行为进行了定义。从资源节约的角度定义企业低碳行为，是指企业为了促进资源节约，采取提高材料、可再生资源的利用率等行为的总称；从环境保护的角度定义企业低碳行为，是指企业为了将其对环境的污染降到最低，采取环境治理、节能减排、清洁生产、有毒有害物质的无害化处置等环境友好行为的总称；从经济效益的角度定义企业低碳行为，是指一种能够实现环境绩效与经济绩效"双赢"的复合行为。

通过以上分析发现：国内外均十分重视企业低碳行为的实施，不同的学者对企业低碳行为的内涵进行研究，虽然研究结论各不相同，但是总体来说，企业低碳行为是一种面对企业本身和外部因素所采取的与环境保护相关的企业行为。

随着国内学者对企业低碳行为研究的深入，一些学者开始对企业低碳行为的影响因素进行研究。关劲峤等（2005）研究了太湖流域印染企业低碳行为的影响因素，发现政府和经济环境能够约束企业低碳行为，组织规模和企业所有权也对企业低碳行为具有影响。余瑞样等（2009）在对企业愿意承担环境责任的可能性与可行性分析的基础上，指出企业低碳行为受到赢利动机、环境政策、公众环境偏好的影响。孟庆峰等（2010）认为企业低碳行为的影响因素主要包括外部环境压力和企业自身因素两个方面，外部压力主要是指规章制度压力，财政压力，消费者绿色偏好、市场压力以及信用压力等，企业自身因素主要是指企业规模、企业所处的行业、企业所有权性质、企业自身经济状况等。周曙东（2012）研究了制度驱动因素、资源能力驱动因素、企业战略驱动因素、社会责任驱动因素对企业低碳行为的影响，结果表明，制度驱动因素、企业战略驱动因和社会责任驱动因素均对企业低碳行为具有正向影响，而资源能力驱动因素对企业低碳行为的影响并不显著，但它对企业环境战略的实施具有促进作用。陈兴荣等（2014）构建了企业低碳行为 panel data 模型，以我国30个省（区、市）企业 2000～2009 年低碳行为数据为样本，从企业自身可持续发展、环境政策、消费者偏好和市场竞争压力这四个角度对驱动企业主动低碳行为（包括清洁生产、污染控制等）的关键因素进行了分析。

4. 企业低碳技术创新相关研究

在研究初期，国内学者使用"绿色技术创新"的称谓。许庆瑞等（1999）指出绿色技术是一种能够提高环境质量水平的环境可靠性技术，绿色技术创新是一种能够减少产品成本的技术创新。钟晖等（2000）认为绿色技术创新是为了降低对环境的污染进行的技术创新和管理创新，包括绿色工艺创新和绿色产品创新两种。许健等（2000）以生命周期理论为理论基础，把低碳技术创新看作一个以节能减排、环境保护为目的，将新产品或新工艺的构思、设计、开发、制造转变为市场应用的过程。沈冰等（2004）将低碳技术创新定义为能够减少资源消耗、降低环境污染、提升环境质量的新工艺或新产品的研发制造到扩散的各种创新行为的集合，他认为低碳技术创新包括技术创新和环境创新两方面内容。黄健（2008）认为低碳技术创新是企业在原材料选择、产品设计、研发、生产、营销、消费、废弃物处理等流程中，既能实现生态绩效又能提高经济效益的各种创新活动的总和。戴鸿轶等（2009）认为低碳技术创新不是一个单纯的技术概念，它突出强调环境观念、环境友好技术、工艺和产品的研发和应用，以绿色市场为导向，促进环境技术成果的转化，使企业的经济效益和生态效益协调一致。

国内学者对企业低碳技术创新影响因素进行专门研究的文献较少，大多集中特定技术创新影响因素上，如绿色技术创新、低碳技术创新等。俞国平（2001，2002）的研究显示，企业绿色技术创新行为受到资源无偿使用制度的制约。李翠锦等（2004）从新制度经济学的角度，对企业绿色技术创新的影响因素进行了分析，认为制度创新能够推动企业绿色技术创新。李怡娜等（2011）从新制度主义理论出发探讨企业实施绿色环保创新行为的驱动因素，发现强制性环境制度和竞争压力均能够显著影响企业的绿色环保创新实践，而激励性环境制度却并不能显著影响企业绿色环保创新实践。杨东宁等（2005）从企业内部外驱动力的角度，分析了企业采纳标准化环境管理体系的影响因素，结果显示，企业是否采纳环境管理体系与内部驱动力和外部规范性驱动力有关，与外部强制性驱动力的关系不大。阮平南等（2005）的研究表明，政府、市场和消费者在企业绿色创新中具有重要的作用。向刚等（2007）在现有研究成果中持续创新动力模型的基础上，构建了绿色持续创新动力模型，认为制度结构能够影响绿色持续创新动力的形成。段云龙等（2008）的研究也表明，制度结构是企业持续绿色创新的动力因素。王炳成等（2009）对企业绿色经营的动力机制进行了研究，认为在设计市场机制时应该充分注重和发挥企业家精神的作用。张敦杰等（2009）认为企业绿色技术创新受到政府法律制度、经济杠杆、企业环境成本内化能力的推动作用。华锦阳（2011）以制度理论、威慑理论、竞争优势理论、激励理论和企业社会责任理论为基础，研究了企业低碳技术创新的动力源，描述性统计结果，表明政府监管、经济利益和竞争优势、企业环保意识等都对企业低碳技术创新具有影响。

5. 行为形成相关研究

目前国内学者在研究行为形成时，大多基于 TRA 模型和 TPB 模型，或在 TRA 模型和 TPB 模型上增加其他变量进行拓展研究，增加对行为的解释力。于丹（2008）等在经典 TPB 模型中拓展情景因素、情感因素以及个性特征因素，如图 1–1 所示。袁玲（2007）在研究知识交互行为时，对计划行为理论模型进行了修正，在研究模型中增加了知识交互行为的外生变数。吴林海（2011）等将企业规模特征、过去行为、总经理特征等变量引入计划行为理论模型，构建了生产企业碳标签食品生产的决策行为模型，研究表明，企业规模特征、主观规范、过去行为等是主要影响因素，且企业规模特征与知觉行为控制、主观规范与知觉行为控制间具有明显的交互作用。赵斌等（2013）根据计划行为理论，界定了科技人员创新行为态度、主观规范、知觉行为控制的概念，认为行为态度包括内生态度和外生态度、主观规范包括示范性规范和指令性规范、知觉行为控制包括自我控制力和效能，实证分析了创新意愿在这些变量与创新行为之间的中介作用，在此基础上验证了组织支持这一变量对创新意愿与创新行为之间的调节作用。

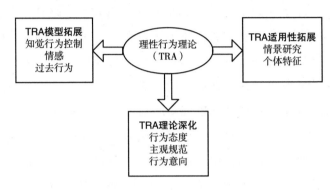

图 1-1 TRA 拓展研究的概念

6. 复杂网络视角的行为研究

在复杂网络博弈动力学研究方面，国内同样呈现了很多深入的研究。根据网络博弈类型来划分，邓丽丽研究了复杂网络上的最后通牒博弈行为，余飞（2012）研究了复杂网络中的少数者博弈行为，王秀龙（2014）基于动态复杂网络对公共物品博弈问题进行了研究。根据博弈过程影响因素来划分，曾燕等（2006）分析了网络拓扑结构对于局域少数者博弈行为的影响，陈蔚（2013）分析了演化博弈论中性格与友好度对合作的影响，罗茫升（2013）和杨文潮（2012）分别研究了复杂网络中惩罚对演化博弈的影响。根据应用对象来划分，李昊等（2012）基于复杂网络少数者博弈模型对金融市场进行了仿真研究，殷成龙（2007）基于少数者博弈模型和复杂网络理论对人工金融市场进行建模研究，唐丽雯对房地产业供应商合作伙伴关系网络及各方博弈行为进行了研究。李备友（2012）分析了基于复杂网络的证券市场传闻扩散以及"羊群行为"

演化过程。

此外，李志华（2012）讨论了复杂系统中合作涌现的几种机制，包括社会分工与合作的涌现、演化博弈模型中的生命过程以及中间策略合作涌现的影响。雷创（2011）分析了基于复杂网络的演化博弈及一致性动力学过程。林海和吴晨旭（2007）基于遗传算法研究了重复囚徒困境博弈策略在复杂网络中的演化过程。史冬梅（2011）研究了复杂网络上的合作涌现空间公共品博弈中的异质性，王保魁（2014）研究了关联网络上的合作演化动力学，张海峰（2014）分析了复杂网络上个体的不同行为如何导致多样的整体行为，张宏娟和范如国（2014）基于复杂网络演化博弈对传统产业集群低碳演化模型进行了研究，刘臣对组织内部知识网络的结构及知识共享博弈进行了研究。

1.2.3 国内外研究综述

综上所述，国内外学者在装备制造企业创新、企业行为、企业低碳行为、企业低碳技术创新行为及其扩散、复杂网络视角的行为扩散研究等方面已经取得了一定的成果，这些成果都为企业低碳技术创新行为的研究奠定了丰厚的理论基础。目前，企业低碳技术创新行为标准的定义还没有形成，通过以上国内外学者对企业行为、企业低碳行为和企业低碳技术创新内涵的研究，本书认为企业低碳技术创新行为是一个为了达到低碳创新性这一目标而表现出来的多阶段的行为过程，在这一行为过程中，产生了技术创新、低碳创新等成果，最终实现经济绩效、生态绩效和社会绩效三重绩效的共同提升。从目前国内外的研究中可以看出，碳排放约束下的企业行为的研究已成为热点，但现有研究和方法仍存在一些不足。

第一，国内外关于企业行为的理论研究相当丰富，但大多数分析和研究都是以完善和成熟的市场经济为前提进行的，并且在分析和研究的过程中假定企业的任何经济行为都不会对社会中的其他个体的利益产生影响，即假设企业没有社会成本。然而，在现实中，这些假设太过理想化，通常是不成立的。

第二，国内外关于个体低碳行为的研究成果较多，这对企业低碳技术创新行为的研究具有一定的借鉴意义，但是目前，国内外关于低碳技术创新行为扩散的研究大多数集中在区域或者宽泛意义上的企业研究，针对某一特定行业企业低碳行为扩散的研究较少，尤其是专门针对高能耗、高污染的装备制造企业的低碳行为扩散的研究更是少见，尚未建立系统性的机制研究体系。

第三，国内外关于低碳技术创新行为扩散影响因素的现有研究往往聚焦于狭义的决定因素及特定的分析层次上，从单一视角（如环境规制）对低碳技术创新行为扩散进行局部的研究，很少有学者将低碳技术创新行为扩散的影响因素整合在一起进行研究，低碳技术创新行为扩散的影响因素研究缺乏一个易于理解和被广泛认可的理论框架。

因此，本书认为对装备制造企业低碳技术创新行为扩散的研究目前尚处于探索性研究的起步阶段，本书旨在进行开拓性研究，结合中国装备制造企业的实际情况，试图以复杂网络为视角从动力机制、激励机制和评价与调节机制三个方面对装备制造企业低碳技术创新行为扩散进行较为系统和深入研究，探索促进中国装备制造企业低碳技术创新行为扩散的重要途径。

1.3   研究思路与内容

1.3.1   研究思路

本书的研究思路如图 1 - 2 所示，通过中国装备制造企业低碳技术创新行为扩散机理分析，设计包含"动力机制—激励机制—评价与调节机制"的扩散机制体系，而后从政府、企业和公众三方面提出促进中国装备制造企业低碳技术创新行为扩散的对策建议。

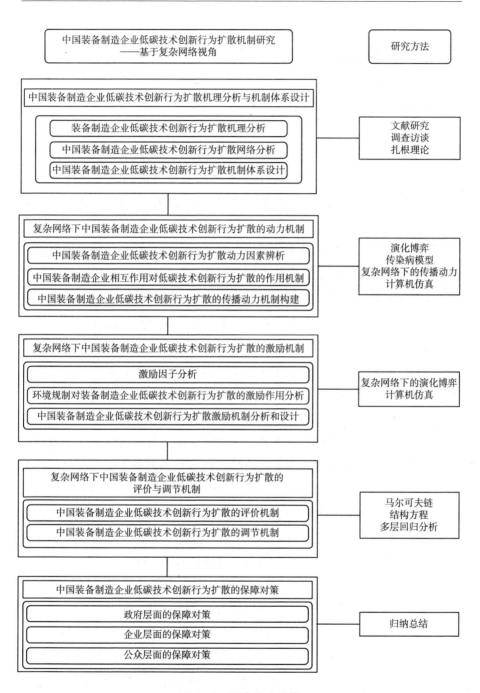

图 1 - 2 研究技术路线

资料来源：自制。

1.3.2   研究内容

本书的主要研究内容包括六个部分。

第一，对本书的选题背景、目的及意义进行了论述，对国内外学者在装备制造企业创新、企业行为、企业低碳行为、企业低碳技术创新行为及其扩散，以及复杂网络视角下的行为扩散研究等方面的成果进行系统梳理、归纳和评述，本阐述本书的研究思路、研究内容、研究方法以及创新之处。

第二，中国装备制造企业低碳技术创新行为扩散机理分析与机制体系设计。界定装备制造企业低碳技术创新行为扩散的概念；利用扎根理论选择具有代表性的装备制造企业进行调查访谈，对访谈资料进行开放式编码、主轴编码、选择性编码和理论模型饱和度检验过程的循环反复，研究装备制造企业低碳技术创新行为扩散机理。分析中国装备制造企业低碳技术创新行为扩散的网络结构，设计复杂网络视角下中国装备制造企业低碳技术创新行为扩散机制体系。

第三，复杂网络下中国装备制造企业低碳技术创新行为扩散的动力机制。以复杂网络上的演化博弈动力学为理论基础，装备制造企业作为博弈双方都有实施低碳技术创新和不实施低碳技术创新两种策略，在此基础上建立支付矩阵，设计网络的演化规则，结合研究中构建的装备制造企业低碳技术创新行为扩散的复杂网络模型，构建装备制造企业低碳技术创新行为扩散动力机制。

第四，复杂网络下中国装备制造企业低碳技术创新行为扩散的激励机制。依据环境规制的概念对其进行政策分类，主要从利用市场的环境规制、建立市场的环境规制和利用环境法规三个方面进行划分。构建复杂网络视角下中国装备制造企业低碳技术创新行为扩散的激励机制模型，以中国装备制造企业复杂网络结构为载体，利用 MATLAB 仿真分别探索三种环境规制对装备制造企业低碳技术创新行为扩散的不同作用机制，研究能够使中国装备制造企业低碳技术创新行为扩散达到最佳效果、依据仿真研究结果设计环境规制对中国装备制造企业低碳技术创新行为扩散的激励机制。

第五，复杂网络下中国装备制造企业低碳技术创新行为扩散评价与调节机制。构建中国装备制造企业低碳技术创新行为扩散效果评价指标体系，并利用马尔可夫链等方法对其进行实证研究。基于实证研究结果，从装备制造企业能力、网络结构等方面构建中国装备制造企业低碳技术创新行为扩散的调节机制。

第六，中国装备制造企业低碳技术创新行为扩散的保障对策。从政府、企业、公众三个层面分析，提出了促进中国装备制造企业低碳技术创新行为扩散的保障对策。

1.4　研究方法

第一，扎根理论等质化研究方法。利用扎根理论分析方法识别装备制造企业低碳技术创新行为的影响因素。通过对深度访谈原始资料开放式编码、主轴编码、选择性编码和理论模型饱和度检验过程的循环反复，探究驱动装备制造企业实施低碳技术创新行为的深层次因素，构建装备制造企业实施低碳技术创新行为形成机理的理论模型。

第二，复杂网络的建模与仿真方法。利用复杂网络上的演化博弈构建装备制造企业之间的博弈模型，设计演化规则，探索装备制造企业的互相作用对低碳技术创新行为扩散的作用机制，探索装备制造企业低碳技术创新行为扩散的动力机制；并在此基础上加入环境规制因素，利用计算机仿真探索不同环境规制措施组合对中国装备制造企业低碳技术创新行为扩散的激励作用，依据结果设计低碳技术创新行为扩散激励机制。

第三，组合动态评价法等定量方法。在构建低碳技术创新行为扩散效果评价指标体系的基础上，本书构建了基于马尔科夫链状态转移矩阵与集对分析理论相结合的组合动态评价模型，以此对中国装备制造企业低碳技术创新行为扩散效果进行动态测度和评价。

1.5 创新之处

第一，揭示了装备制造企业低碳技术创新行为扩散机理。以企业技术创新理论和计划行为理论为理论基础，创造性地将扎根理论引入装备制造企业低碳技术创新行为扩散机理的分析中。这一理论进展能在一定程度上补充技术创新理论和企业低碳技术创新行为理论研究，为企业低碳技术创新行为的扩散和发展实践提供借鉴。基于扎根理论揭示装备制造企业低碳技术创新行为扩散机理，与现有企业低碳技术创新行为相关研究相比，增强了研究的严密性和说服力。

第二，设计以复杂网络为载体的中国装备制造企业低碳技术创新行为扩散机制体系。本书依装备制造企业低碳技术创新行为扩散机理分析和中国装备制造企业低碳技术创新行为扩散网络结构分析的结果设计了扩散机制体系。相比以往的机制体系设计研究更能体现中国装备制造企业的现实特点，研究结论的实际应用价值相对更高。

第三，构建了复杂网络视角下中国装备制造企业低碳技术创新行为扩散的动力机制和激励机制。将复杂网络理论与演化博弈理论相结合，构建了中国装备制造企业低碳技术创新行为扩散的动力模型和激励作用模型。现有大多利用演化博弈方法研究扩散的动力机制和激励机制，是将企业群体分成两个有差别的部分，随机从各部分抽取企业进行博弈，企业间的关系是随机的，与现实情形有较大差距。本书基于复杂网络的小世界网络结构和无标度网络结构构建扩散的动力机制和激励机制，更符合现实中的企业间的连接关系，构建的动力机制和激励机制对推动中国的低碳技术创新行为扩散更具指导意义。

第四，构建了复杂网络视角下中国装备制造企业低碳技术创新行为扩散的评价与调节机制。将马尔科夫链状态转移矩阵与集对分析理论相结合构建评价模型，以此实现对中国装备制造企业低碳技术创新行为扩散效果进行有效的动态测度。与以往的研究相比，该模型既具有利用集对分析思想实现评价研究中确定性和不确定性因素的兼顾，又能利用状态转移矩阵的动态思想实现静态评价和扩散趋势动态预测过程的结合，具有一定创新性。立足于评价结果构建中国装备制造企业低碳技术创新行为扩散的调节机制，能为扩散效果的动态调节提供理论依据，使研究结论更具实际指导意义。

第2章 中国装备制造企业低碳技术创新行为扩散的机理分析与机制体系设计

2.1 装备制造企业低碳技术创新行为扩散的内涵界定

2.1.1 装备制造企业的内涵与特征

在我国,"装备制造业"的概念是相对于"加工制造业"的概念提出的,又被称为装备工业,主要是指资本品制造业,是为满足国民经济各行业发展和维护国家安全的生产各种工业技术装备产品的产业总称,它涵盖了电子、机械、仪器、武器制造等生产投资类产品的所有企业,其产品主要指系统、主机、零配件、元器件及其相关服务等。根据《国民经济行业分类新代码(GB/T4754-2002)》,装备制造业被划分为金属制品业,通用设备制造业,专用设备制造业,交通运输设备制造业,电气机械及器材制造业,通信设备、计算机及其他电子设备制造业和仪器仪表及文化、办公用机械制造业共7个行业大类、56个种类及209个小类。对于装备制造企业的认定，通常是建立在产业认定的基础上，即指制造上述 7 大行业产品和提供相关技术服务的企业。从终端消费者的角度看，装备制造企业是将科学技术转变为生产工具（包括制成品、服务）的载体，并将生产工具提供给终端消费品生产企业，促进终端消费品生产企业生产能力的提高。

与一般的加工制造企业相比，装备制造企业具有以下五方面的特征。

第一，关联性强。装备制造企业为国民经济中的各类行业企业提供生产工具，贯穿于整个国民经济服务链之中，是国民经济的基础性和支柱性企业，具有较强的关联性和协同性，它的发展会产生其他相关产业企业共同发展的联动效应。

第二，合作关系强。由于装备制造企业所需的设备、设施配套复杂，涉及面大，因此其上游企业具有数量多、差异大、分布广等特点，其下游企业对装备产品的质量具有较高的要求和选购标准。

第三，技术、资本需求高。装备产品的特点是具有较强的专用性和技术性，它们通常是一些具有特定用途的设备、机器等，因此企业需要投入大量的资金购买研发设备、生产设备等基础设施，而且往往具有较长的回报周期。

第四，受政府导向强。由于装备产品关系到国民经济发展和国家安全，政府往往非常注重装备制造企业的发展。例如，在低碳经济背景下，政府可能制定严格的环境规制、采取优惠税收政策等方式激励企业实施低碳技术创新。因此，企业需要具备对政策法规和宏观环境变化的准确预见能力和应变能力。

第五，产品是一种派生需求。在工业资本市场中，装备产品的生产、制造往往是为了满足终端消费品生产企业的生产需要，其制造、销售都滞后于终端消费者的需求，因此装备产品是一种派生需求。

2.1.2　企业低碳技术创新行为内涵与特征

1. 企业低碳技术创新行为内涵

人的行为是指为了达成既定目标，在思想控制和动机驱使下所表现出来的一系列行动的过程。一个装备制造企业是由人、设备、资本、技术、知识等要素所组成的具有行为能力的主体，它具有与外界沟通交流并在沟通交流中获取信息、积累知识、不断改变自身行为方式以适应环境变化的能力，因此，它和人一样具有一定的行为。企业技术创新行为作为企业行为的一个重要组成部分，与企业的制造行为、营销行为、文化行为、资源配置行为和交换行为等一起构成了企业的整体行为，即 $B = \{B_1,$ $B_2, \cdots, B_n\}$，其中 B 表示企业行为，$B_1, B_2, \cdots, B_n$ 分别表示企业的技术创新行为、制造行为、营销行为、文化行为、资源配置行为和交换行为等。近些年，学者们不断探讨技术创新行为的相关意义，大致从三个角度来界定技术创新行为。一是从组织的角度对企业技术创新行为进行定义，把企业看成是一个具有独立行为能力的整体，认为技术创新行为是由人参与并控制的，包括决策、计划、实施、绩效评价等多个阶段的群体行为和组织行为，具有较强的目的性和计划性。二是从系统的角度，把企业看成是外部系统中的一个子系统，认为技术创新行为不是一个孤立的行为系统，它是由企业内外部环境要素共同决定的，是内部要素与外部环境等相互作用的结果，具有紧密性、动态性和开放性。三是从社会网络的角度，把企业看成是社会网络中的一个个体，认为技术创新行为是一种存在于社会网络结构中的技术行为和社会行为，它会受到经济网络和社会网络等多个网络的综合影响。综合上述观点及国内外对企业低碳行为和企业低碳技术创新内涵的研究，本书认为企业低碳技术创新行为是技术创新行为的一种，它的意义在于企业为了达成环境创新性而表现出来的行为。企业低碳技术创新行为并不是一个孤立的企业行为，它与知识积累、信息共享等企业创新个体的行为密切相关，并与它们一起构成了企业行为。企业低碳技术创新行为是指秉承"经济绩效、生态绩效和社会绩效"统一的原则，由企业内在本质所决定的并受企业支配的末端治理技术、清洁工艺和低碳产品创新活动的总和，以及受外部环境刺激所作出的各种对策反应，受到企业内在本质和外部环境的共同影响。

　　本书认为低碳技术创新行为的内容维度包括三个方面，即末端治理低碳技术创新行为、清洁工艺技术创新行为和低碳产品技术创新行为。

（1）末端治理低碳技术创新行为是指企业改进或变革制造过程中所排放的废水、废气（包括温室气体）、固体废弃物等污染物末端处理技术的活动，其目的是通过降低企业排放物数量以及循环利用排放物，最终实现环境保护和节约资源的目标。（2）清洁工艺技术创新行为，它包括工艺源头创新行为和工艺过程创新行为两种。工艺源头创新行为是指在产品生产之前，企业将多方面因素都纳入考虑范围内，通过实施某种技术创新活动，对未来生产中的污染加以控制，例如在产品设计阶段就考虑环保因素、进行绿色研发等；工艺过程创新行为是指企业通过改进产品生产工艺流程、产品生产管理方式等创新活动，以提高原材料的利用率、提高生产效率、减少生产过程中污染物排放的行为。（3）低碳产品技术创新行为，是指研发能够降低资源消耗和节约原材料、使用较少（或不使用）稀有和昂贵原材料生产、在使用时对人类健康不产生危害（或危害较少）、对生态环境不造成污染（或污染较少）、可回收再利用的产品。

2. 企业低碳技术创新行为特征

根据企业低碳技术创新行为的内涵研究，可以确定企业低碳技术创新行为的特征包括企业传统技术创新行为的探索性、动态性、复杂性、系统性、开放性、可衡量性、周期性等特征（如表 2-1）。但与企业传统技术创新行为特征相比，企业低碳技术创新行为还具备四个方面特征。

表 2-1　　　　　传统技术创新行为与低碳技术创新行为共性特征

特征	内　涵
探索性	技术创新行为是在探索中前进，变未知为已知或者是把知之较少变为知之较多的过程
动态性	技术创新行为会跟随时代、市场、环境的变化而改变，是由技术、知识等资源不断积累之后形成的

续表

特征	内　　涵
复杂性	技术创新行为实施中的经营环境变化及其参量多少和它们的差异程度决定了行为的复杂性。具体地说，如果经营环境及其参量较多，而且差异程度也较高，那么它就是复杂性比较高的技术创新行为；反之复杂性可能小一些
系统性	技术创新行为并非零散的活动，而是一个连续的过程，一系列活动的结合
开放性	技术创新行为会受到政府行为、消费者行为、供应商行为、市场需求、资源供给、经济发展水平、科学技术发展等外部因素的影响
可衡量性	技术创新行为可以通过定期评价和检测企业的生产绩效、运行效果等来把握和衡量企业技术创新行为的成果
周期性	技术创新行为的每一次实施都伴随着创新活动的开始、消逝以及呈现，它是周期往复、层级上进的

资料来源：自制。

（1）目标多重性。企业采取低碳技术创新行为的目的主要是同时兼顾企业经济目标、生态目标和社会目标，以实现企业和环境的"双赢"。低碳技术创新行为作为一项高风险、高回报的技术经济活动，多重目标性是企业实施低碳技术创新行为的根本动力。具体而言，与传统的技术创新行为相比，低碳技术创新行为可以被看作是一种战略性企业社会责任，它关注将社会责任融入核心业务中之后，企业会产生的经济回报。另外，低碳技术创新行为在创新价值衡量中加入环境效益维度和社会效益维度，以实现企业的低碳化发展。

（2）过程循环性。传统技术创新行为的技术运行过程是开放性的、不可逆的，即对外界环境开放，遵循"资源——产品——废物"的过程线性运行，缺乏逆向的治理和再利用过程。而企业低碳技术创新行为的技术运行过程则是可逆的，具有循环性的特点，即按照"资源——产品——再生资源"的过程循环运行，通过对运行过程的绿色化循环管理，降低对环境造成的危害。

（3）效益双重性。企业低碳技术创新行为具有生态效能，并能产生知识溢出，即同时具有内部效益和外部效益。与传统技术创新行为相比，低碳技术创新行为需要通过经济绩效、生态绩效和社会绩效三个方面的结果来衡量，使企业的经济行为对环境和社会造成的负向影响最低。另外，低碳技术创新行为不仅重视企业的经济责任，还特别重视企业生态责任和社会责任，并通过技术创新的方式提升经济绩效、生态绩效和社会绩效，以履行经济责任、生态责任和社会责任，因此会产生知识溢出。

（4）技术预防性。传统技术的缺点是在技术创新时没有考虑技术给环境带来的负面影响。企业低碳技术创新行为是通过对原材料的挑选、产品的研发、制造、营销和报废、工业"三废"处理等过程设计具体的标准，从根源上降低技术对环境造成的威胁，以实现企业资源消耗和环境破坏的最小化。

综上所述，与传统技术创新行为相比，企业低碳技术创新行为更加注重经济、社会和环境协调可持续发展的理念，即在追求企业经济利益的同时加入了对社会和环境利益的考虑。企业低碳技术创新行为与传统技术创新行为的特征比较如表 2 - 2 所示。

表 2 - 2　　　　　低碳技术创新行为与传统技术创新行为特征比较

比较内容	低碳技术创新行为	传统技术创新行为
目标	经济效益、环境效益、社会效益	经济效益
过程	循环	不可逆
效益	内部收益、外部收益	内部收益
技术	预防为主	先污染后治理

资料来源：自制。

2.1.3　装备制造企业低碳技术创新行为扩散内涵与特征

根据上述分析的装备制造企业的内涵、特征，以及低碳技术创新行为的内涵和特征，本书认为装备制造企业低碳技术创新行为扩散是指在内外部环境的激发下，涵盖设计、制造、生产、营销、消费等全过程的末端治理低碳技术、清洁工艺和低碳产品创新的群体行为和组织行为在装备制造企业群体间经互相学习得以扩散的过程，其基础是低碳技术突破，价值形式是装备制造企业低碳技术创新能力的提高，目标是装备制造业生态竞争力的提升。

装备制造企业低碳技术创新行为扩散的特征，除了具备一般企业低碳技术创新行为扩散的特征外（如个体间的学习效应），与使用成熟的传统技术相比，装备制造企业低碳技术创新行为实施不确定性的程度较高，包括技术本身的不确定性、最终效益的不确定性、市场需求的不确定性以及企业外部制度环境的不确定性等。这些不确定性因素是阻碍装备制造企业低碳技术创新行为扩散的主要原因，也是通过装备制造企业低碳技术创新行为扩散实现产业低碳发展的重要阻碍。另外，装备制造企业具有设计时间长、设计具有针对性、装备机械制造时间长等特点，这会给其实施低碳技术创新行为及群体内的行为扩散带来更多的风险，如技术支持风险、研发和转化能力风险、市场风险等。另外，由于装备制造企业门类多、关联度大、合作关系强，其所需物资器材涉及范围大，且配套复杂，上下游供应商群体庞大，个体之间具有较大差异，且分布在各个行业。因此，装备制造企业低碳技术创新行为扩散会对其上下游产业的低碳技术创新行为产生一定影响，从而带动整个社会的低碳化进程。

2.2 装备制造企业低碳技术创新行为扩散的机理分析

2.2.1 装备制造企业低碳技术创新行为扩散机理的研究方法与设计

1967 年，美国社会学家格拉泽和斯特劳斯提出了扎根理论（grounded theory），随后学者们便运用扎根理论分析社会学、心理学、管理学、教育学等方面的问题。美国符号互动理论、工作社会学、科学的逻辑和实用主义思想对扎根理论方法的形成起到了至关重要的推动作用。扎根理论是运用系统化的程序，针对某一现象来发展并归纳式地引导出扎根的理论的一种定性研究方法。其核心是资料的收集和分析，这是一个归纳和演绎的过程。其最重要的环节是对资料的分析，称为编码，包括开放式编码、主轴式编码与选择式编码。资料的收集与分析是连续循环的并行工程。扎根理论的研究流程见图 2-1。扎根理论特别适合于缺乏理论解释的或现有理论解释力不足的研究。鉴于目前装备制造企业低碳技术创新行为扩散机理研究基础还较为薄弱，因此，本书运用扎根理论对此进行研究，构建装备制造企业低碳技术创新行为扩散的机理理论模型。

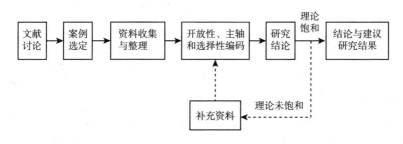

图 2-1　扎根理论研究流程

资料来源：徐建中，曲小瑜.基于扎根理论的装备制造企业环境技术创新行为驱动因素的质化研究［J］.管理评论，2014（10）：90-101.

　　为了实现扎根理论分析的目的，需要选择一些具有特定条件的员工作为扎根理论的受访者。首先，是学历方面的要求。选择学历在本科及本科以上的中国装备制造企业员工作为受访者，因为这类员工通常具有较强的逻辑思维能力、判断能力和理解能力。其次，是专业方面的要求。为了使受访者在最短的时间内明晰研究目的和需要解决的问题，受访者多源于以低碳技术创新为导向的装备制造企业的员工，受访对象必须具备 1 年以上的技术研发或创新管理经验，熟悉研发和创新流程以及企业进行低碳技术创新活动的动机与行为。最后，是职位方面的要求。因为低碳技术创新行为的问题更偏向于一个战略和决策的问题，因此应以访谈企业高层管理者为主。根据理论饱和原则，样本数的确定应该以新抽取的样本不再提供新信息时为标准。根据范思哲（2005）等的研究成果，样本数选取 20～30 个为宜。本书借鉴扎根理论研究的成熟经验，在保证样本理论饱和性的前提下，选取与课题组有合作关系的 28 家装备制造企业为研究样本，样本涵盖装备制造业分类中的 5 个行业。每家企业接受访谈人数为 1 人，其中，从事机械制造业的 8 人，从事交通运输设备制造业的 7 人，从事电器机械及器材制造业的 5 人，从事电子及通信设备制造业的 6 人，从事仪器仪表及办公用机械制造业的 2 人。从学历方面看，本科学历 9 人，硕士研究生学历 13 人，博士研究生学历 6 人；从专业方面看，工作时间 1～5 年的 10 人，5～10 年的 14 人，10 年以上的 4 人；从职位结构看，总经理 2 人，总经理助理 4 人，研发部门主管 12 人，技术部门主管 6 人，高级技术研发人员 3 人，中级技术研发人员 1 人。

　　在访谈过程中，主要实施深度访谈方式。深度访谈是一种面对面、一对一、直接、无结构的访谈方式。探测性调查中经常用到深度访谈方式，它的优点在于调查者在对受访者进行深入访问的过程中，可以观察到受访者的外在表情，通过他们的外在表情判断其内在心理，适当调节访问的氛围和节奏，从而较为准确的了解受访者对于其所在企业低碳技术创新行为扩散的见解和观点，揭示低碳技术创新行为扩散的机理。访谈内容主要以企业促进低碳技术创新行为扩散的举措、阻碍低碳技术创新行为实施的因素以及在低碳技术创新过程中遇到的困难为主，例如"企业倡导和愿意低碳技术创新吗""企业倡导和愿意（或不倡导和不愿意）实施低碳技术创新的原因是什么""其他企业的低碳技术创新对本企业有什么样的影响"每人每次访谈时间均在 60 分钟以上，共 28 人次。对访谈资料进行整合、质证，确保资料数据能真实反映企业的低碳技术创新行为扩散，最后将待分析的资料命名为"装备制造企业低碳技术创新行为扩散资料"。由此，获得资料数据。随机挑选 23 家企业的访谈资料用于编码分析，剩余 5 家企业的访谈资料用于理论饱和度检验。为保证研究的信度和效度，编码过程中严格遵循扎根理论范畴归纳和模型构建步骤，对访谈资料进行概念化和范畴化，对存在争议的概念和范畴，在听取专家意见的基础上，进行修订和删减，以避免编码者主观意见对编码结果造成的影响，提高编码的客观性。

2.2.2 装备制造企业低碳技术创新行为扩散机理的分析过程

1. 开放式编码

开放式编码是将原始访谈内容全部打散，对访谈内容逐字逐句进行编码、标签、登录，发现概念类属，实现访谈内容的概念化和范畴化，重新整合分析资料的过程。编码时，为了避免编码者的主观影响，尽量从被访者的原话中提炼初始概念，共获得532余条原始语句及对应的初始概念。所获得的初始概念通常数量繁多和存在交叉，需要对其进一步分解、剖析和提炼以将相关的概念聚集在一起，实现概念范畴化。经过多次整理分析，剔除出现频次低于两次的初始概念，最终从资料中抽象出14个范畴，分别是潜在经济利益、潜在生态利益、潜在社会利益、企业家认知因素、企业社会责任、合作因素、竞争因素、环境规制、政府目标压力、榜样形象标杆、客户认可度、低碳技术创新投入能力、低碳技术创新研发能力、低碳技术创新生产能力。表2-3为开放式编码得到的若干范畴及其初始概念。

表2-3 开放式编码范畴化

范畴	原始资料语句（初始概念）
潜在经济利益	A04 节能产品的销售收入占产品销售收入的比例较高（节能产品销售收入） A07 我们通过低碳技术创新使单位产品生产成本逐年降低（生产成本） A10 企业的节能降耗、环保方面的专利申请数量逐年增多（专利申请数）
潜在生态利益	A14 对"三废"以及余热余压进行了充分的回收综合利用（回收利用） A15 企业通过低碳技术创新提高了对自然资源的综合利用率（提高资源利用率） A23 低碳技术创新能降低单位工业增加值的综合能耗（降低能源消耗）

范畴	原始资料语句（初始概念）
潜在社会利益	A01 相比同类企业，公司为专门从事低碳技术创新活动的员工提供的薪酬、福利和工作条件等还不错，每年新员工加入的比例都在扩大（员工待遇） A12 公司经常鼓励我们去参加环保公益慈善活动，并为此提供有关资源（环保公益活动） A21 公司能够及时地向客户提供真实全面的环保产品信息，不存在产品欺诈（真诚对待客户）
企业家认知因素	A16 率先引进了 IBM 科研管理方法，确立了以"节能产品开发"为核心的低碳技术创新体系（对新方法的敏锐度） A21 我的上级领导支持和鼓励我表述自己的新观点以及不同意见和异议（鼓励新思想） A27 我们领导经常组织环保技术研讨会、交流会（环保意识）
企业社会责任	A03 公司按时交纳排污税（缴纳相关税费） A19 定期举行环境论证会、听证会或采取其他形式，征求有关单位、专家和公众对环境影响评价报告书的意见（评估环境影响） A26 企业年处理污水能力达 21000 吨，主要污染物排放逐年递减 5% ~ 10%（降低排污量）
合作因素	A09 引进了日立公司 9E 系列燃气蒸汽联合循环余热锅炉技术，推动了 9F 系列燃气蒸汽联合循环余热锅炉的制造（环保技术引进） A17 引进了国际先进的节能产品开发和软件工程方法，再造公司的研发体系（新方法引进） A22 近几年，企业通过增强与上下游企业的信任和承诺关系，建立了长期稳定的低碳技术创新关系，加快了公司低碳技术创新的进程（建立低碳技术创新关系）
竞争因素	A04 业内企业越来越多，有来自国外的开利、哈斯曼和林德等国际巨头，也有海尔、海信等国内巨头（竞争对手众多） A12 市场上同类型的低碳产品在不断增加（替代品的出现） A28 同行业很多企业都引进了节能产品开发和软件工程方法（竞争者引进新方法）
环境规制	A12 若违反环境规制的标准将会受到严格的处罚（命令性环境规制） A14 公司进行环境污染治理能够得到政府的补贴和税收优惠（激励性环境规制） A28 我们经常及时、准确地对外发布环境信息（自愿性环境规制）

范畴	原始资料语句（初始概念）
政府目标压力	A01 中国已经将应对气候变化和控制温室气体排放行动目标纳入"十二五"规划，进一步提升低碳发展在经济社会发展当中的战略地位（发展低碳经济） A06 2020 年，中国单位 GDP 的二氧化碳排放降低 50% 左右（二氧化碳排放目标） A13 中国将大力发展可再生能源和核能，争取到 2020 年非石化能源占一次能源消费比重为 15% 左右（能耗目标）
榜样形象标杆	A06 我们企业的许多上下游企业正在采用先进节能环保设备研发节能降耗产品，我们也将研发节能产品纳入了计划中（研发节能环保产品） A09 很多大型企业都通过了国家 ISO9000 质量体系认证、ISO14001 环境管理体系认证，我们这种小型企业对这些也不容忽视（通过环境认证） A17 截止到 2011 年，特变电工的年清洁能源发电量达到 5.6 亿千瓦时，相当于 50 万人口中小城市一年的用电量，减少二氧化碳排放 47.78 万吨，这可能是今后特高压交流、直流输变电成套设备未来发展的方向（减少废气排放）
客户认可度	A09 只有客户关注和购买低能耗产品，我们可能会愿意进行低碳技术创新（关注环保产品） A13 如果客户能够形成绿色采购模式，我们去创新环境技术也未尝不可（绿色采购模式） A17 总的来说，客户对环保技术和产品的认识还不够深刻（环保意识）
低碳技术创新投入能力	A18 公司拥有先进的脱硫催化剂实验室、电站锅炉脱硝试验装置等设备（设备投入） A20 集团充分利用高新技术提升传统产业，实施环保技术改造项目 100 多项，总投资超过了 40 亿元（技术改造投入） A21 各类专业技术人员 1275 人，占职工总数的 39.14%。其中中国工程院院士 2 人，高级职称人员 387 人，占职工总数的 11.88%；中级职称人员 355 人，占职工总数的 10.89%；博士 25 人，硕士 176 人，本科 776 人，本科以上学历人员占职工总数的 55.4%（技术人员投入）
低碳技术创新研发能力	A10 近几年，企业的科研成果转化率逐年增加，但增幅不大（科研成果转化率） A20 2012 年，投入研发经费占销售收入的比例较上一年有所提升（研发经费） A26 拥有核电、环保、热强、自动控制等研发机构（研发机构）

范畴	原始资料语句（初始概念）
低碳技术创新生产能力	A07 企业积极建设 ERP 物流信息管理系统和信息化局域网，开发运用信息技术，提高了全员劳动生产率（劳动生产率） A13 已具备年产发电设备 3000 万千瓦的制造能力，其中年产水轮发电机组 500 万千瓦，汽轮发电机 2500 万千瓦，交直流电（动）机 40 万千瓦的生产能力（生产能力） A24 公司拥有各类主要生产设备 1565 台，其中关键设备 148 台，大型、精密、稀有设备 375 台（生产设备）

注：每句话末尾括号中词语表示对该原始语句进行编码得到的初始概念。

资料来源：自制。

2. 主轴式编码

主轴式编码是对开放式编码中形成的各个独立的范畴建立关联，使范畴更严密，在开放式编码的基础上更好的发展主范畴。通过主轴分析发现，开放式编码中得到的各个不同范畴确实存在一定的联系。根据不同范畴之间的相互关系，归纳出 4 个主范畴。各主范畴对应的开放式编码范畴如表 2 - 4 所示。

表 2 - 4 主轴式编码形成的主范畴

编号	主范畴	对应范畴	关系的内涵
1	创新意愿	潜在经济利益	企业对自身经济利益的考虑会影响其实施低碳技术创新行为的意愿
		潜在生态利益	企业对自身生态绩效的考虑会影响其实施低碳技术创新行为的意愿
		潜在社会利益	企业对自身社会绩效的考虑会影响其实施低碳技术创新行为的意愿
2	创新态度	企业家认知因素	企业家的敏锐度、创造力、风险意识、环保意识等认知因素会影响企业实施低碳技术创新行为的态度

续表

编号	主范畴	对应范畴	关系的内涵
2	创新态度	企业社会责任	企业对环境问题的敏感性和责任感会影响其实施低碳技术创新行为的态度
		合作因素	与外部组织建立稳定的合作关系会影响企业实施低碳技术创新行为的态度
		竞争因素	竞争的激烈程度会影响企业实施低碳技术创新行为的态度
3	主观规范	环境规制	政府的监督管理、环境标准等会导致企业行为趋向社会规范的要求
		政府目标压力	政府对低碳经济设定的目标会导致企业行为趋向社会规范的要求
		榜样形象标杆	产业内的榜样和形象标杆会导致企业行为趋向社会规范的要求
		客户认可度	客户对环保产品的关注度、采购模式会导致企业行为趋向社会规范的要求
4	知觉行为控制	低碳技术创新投入能力	低碳技术创新投入能力是对投入创新资源数量和质量的衡量；人力、物力和财力等 R&D 和非 R&D 资源投入能力的增强能够提高企业的知觉行为控制力
		低碳技术创新研发能力	低碳技术创新研发能力是创新资源投入积累和配置的结果，但是投入能力不能代替研发能力，前者既强调 R&D 投入，又强调非 R&D 投入，后者则强调 R&D 投入及 R&D 产出；科研成果转化率、研发经费、研发机构等研发能力因素的增强能够提高企业的知觉行为控制力
		低碳技术创新生产能力	低碳技术创新生产能力是将实验室中的研发成果转化为符合设计要求的可批量生产的产品的能力；劳动生产率、生产设备等生产能力因素的增强能够提高企业的知觉行为控制力

资料来源：自制。

3. 选择式编码

遵循选择式编码的步骤,选择核心范畴,对核心范畴和其他范畴之间联系进行分析,并以典型关系结构的形式将整个行为现象表现出来,发展出一个新的实质理论框架。

本书确定了中国装备制造企业低碳技术创新行为扩散驱动因素这一核心范畴,以及对其有显著影响的创新意愿、创新态度、主观规范、知觉行为控制4个主范畴(见表2-5)。创新意愿是指企业进行低碳技术创新的动机和愿望的强度,反映了企业对引进新环境技术、研制新环保产品和改进生产流程等低碳技术创新行为的接受程度,是低碳技术创新行为的直接驱动因素,它直接决定企业是否实施低碳技术创新行为。创新态度是指企业对从事低碳技术创新行为所持的正面或负面评价的程度,行为主体(如企业和企业家)和外界环境(如竞争、合作情况)是创新态度的直接影响变量,揭示了创新态度产生的原因。主观规范是指企业在决定是否执行低碳技术创新行为时所感知到的社会压力,这种社会压力可能来自政府、客户或者其竞争对手。创新态度和主观规范均通过影响创新意愿间接驱动低碳技术创新行为扩散,是低碳技术创新行为扩散的间接驱动因素。知觉行为控制是指企业预期在采取低碳技术创新行为时所感受到可以控制的程度,是企业对执行低碳技术创新行为难易程度的感知,由控制信念和感知强度共同决定,控制信念是个体对其所具有的能力的感知,感知强度是个体感知这些因素对行为的影响程度,它既可以直接影响低碳技术创新行为扩散,又可以通过创新意愿间接影响低碳技术创新行为扩散。以此典型关系结构为基础,本书构建出一个全新的低碳技术创新行为扩散理论构架,称为"中国装备制造企业低碳技术创新行为扩散机理模型"。

表 2-5   主范畴的典型关系结构

典型关系结构	关系结构的内涵
创新意愿→创新行为扩散	创新意愿是低碳技术创新行为扩散的直接驱动因素,它直接决定企业是否受影响实施低碳技术创新行为

续表

典型关系结构	关系结构的内涵
创新态度→创新意愿 →创新行为扩散	创新态度是低碳技术创新行为扩散的间接驱动因素，它通过影响低碳技术创新意愿间接决定企业是否受影响实施低碳技术创新行为
主观规范→创新意愿 →创新行为扩散	主观规范是低碳技术创新行为扩散的间接驱动因素，它通过影响低碳技术创新意愿间接决定企业是否实施低碳技术创新行为
知觉行为控制→创新行为扩散	知觉行为控制是低碳技术创新行为扩散的直接驱动因素，它直接决定企业是否实施低碳技术创新行为
知觉行为控制→创新意愿 →创新行为扩散	知觉行为控制是低碳技术创新行为扩散的间接驱动因素，它通过影响低碳技术创新意愿间接决定企业是否实施低碳技术创新行为

资料来源：自制。

4. 饱和度检验

本书将剩下的 5 个企业作为理论饱和度检验的数据，对其依次做了开放式编码、主轴式编码和选择式编码，得到的结果仍然符合"装备制造企业低碳技术创新行为扩散机理"的典型关系。举例如下。

（1）TBDG 公司。该公司的领导者坚持以环境破坏最小化、利益最大化为原则，认为环保与经济并重，促进企业不断研发低能耗产品，不断采用先进节能环保设备、技术创新节能环保产品等方式，以减少产品使用中的能源消耗，降低生产对环境的冲击。同时，促使企业主动、自愿地达到比环境规制要求更高的生态绩效，获得政府补贴，为企业高压电子铝箔新材料、太阳能核心控制部件的研发提供动力（企业家认知因素——创新态度——创新意愿——低碳技术创新行为扩散，企业社会责任——创新态度——创新意愿——低碳技术创新行为扩散）。

（2）RSZG 公司。现阶段，拥有员工 12000 多人，其中工程技术人员约 1500 人，中级职称 333 人，高级职称 35 人。另外，RSZG 公司已获批省级船舶研究院，累计已投入研发资金约 2 亿元。拥有两座 5 层现代化的技术楼，这就为其研发 11.5 万吨的油船和 16 万吨的苏伊士油轮奠定了基础（低碳技术创新投入能力——知觉行为控制——创新意愿——低碳技术创新行为扩散，低碳技术创新研发能力——知觉行为控制——创新意愿——低碳技术创新行为扩散）。

按照以上方法，逐一完成其余 3 个企业的检验，没有形成新的范畴和新关系，说明理论饱和性较好，可以停止采样。

2.2.3 扎根理论研究结果

运用扎根理论进行定性分析，得到装备制造企业低碳技术创新行为扩散的理论分析结果，发展、完善了装备制造企业低碳技术创新行为扩散研究领域的相关理论，具体如图 2 - 2 所示。

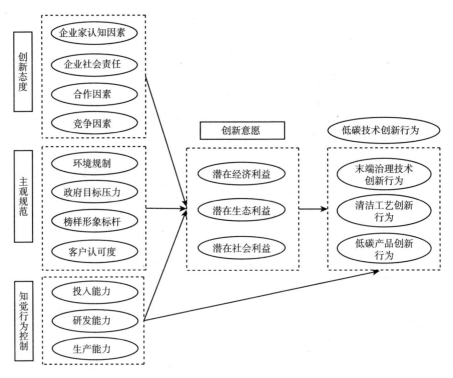

图 2 - 2 装备制造企业低碳技术创新行为扩散机理理论模型

资料来源：自制。

2.2.4　理论模型的实证检验

1. 变量测度

根据扎根理论的研究成果，本书选用的量表如表 2 – 6 所示。

表 2 – 6　　　中国装备制造企业低碳技术创新行为扩散机理量表

变量	维度	编号	题项
创新意愿	潜在经济利益	QJ1	企业专利申请数量比较多
		QJ2	企业新产品的销售收入占产品销售收入的比例比较高
		QJ3	企业全员劳动生产率比较高
		QJ4	企业单位产品生产成本比较低
	潜在生态利益	QS1	企业"三废"的排放量比较少
		QS2	企业"三废"的排放达标率比较高
		QS3	企业对"三废"以及余热余压进行了充分的回收综合利用
		QS4	企业单位工业增加值的综合能耗比较低
		QS5	企业对自然资源的综合利用率比较高
	潜在社会利益	QH1	企业经常荣获"名牌产品企业""诚信企业"等称号
		QH2	企业具有良好的公众形象
		QH3	企业维护利益相关者关系的成本较低
		QH4	企业员工数逐年增多
创新态度	企业家认知因素	QR1	企业高层领导有强烈的创新欲望
		QR2	企业高层领导对新环境技术有强烈的投资意愿
		QR3	企业高层领导对环境技术和发明有敏锐感知能力
		QR4	企业高层领导勇于面对不确定性，鼓励向风险挑战
		QR5	企业低碳技术创新行为取决于企业高层领导的支持

续表

变量	维度	编号	题项
创新态度	企业社会责任	QZ1	企业的社会责任就是利润最大化
		QZ2	企业愿意承担履行社会责任所产生的额外成本
		QZ3	企业愿意承担除了创造利润的其他社会责任
		QZ4	企业承担社会责任有利于自身发展
		QZ5	企业具有广泛的社会责任感
		QZ6	社会责任能够阻止企业不规范行为的产生
	合作因素	HZ1	企业的低碳技术创新得到很多政府部门和行业协会的支持
		HZ2	企业经常与大学、科研院所等公共研究机构技术合作
		HZ3	企业的低碳技术创新能得到技术中介服务机构的帮助
		HZ4	企业的低碳技术创新能从上下游以及同行业企业得到帮助和启发
	竞争因素	JZ1	行业内有许多竞争对手
		JZ2	企业与竞争对手提供的产品差别不大
		JZ3	竞争对手正试图提供更好的产品和服务，从而占领市场
		JZ4	企业的竞争者也在积极地进行技术创新活动
		JZ5	企业对竞争者的创新行动回应相当迅速
主观规范	环境规制	HG1	企业所面对的排污降耗标准、减污技术标准和生产技术标准比较严格
		HG2	企业若违反低碳环境规制的标准将会受到严格的处罚
		HG3	企业进行节能减排能得到政府的补贴
		HG4	企业排污要承担相应的税费
		HG5	企业要缴纳一定的排污保证金
	政府目标压力	ZF1	企业落实国家控制温室气体排放的压力很大
		ZF2	企业落实国家减少能源资源消耗的压力很大
		ZF3	企业落实国家发展低碳经济的压力很大
	榜样形象标杆	BY1	许多企业正在采用先进节能环保设备研发节能降耗产品
		BY2	许多企业都通过了环境认证
		BY3	许多企业的"三废"排放量都在逐年降低

续表

变量	维度	编号	题项
主观规范	客户认可度	XR1	客户对环保属性产品的认识非常深刻
		XR2	客户非常关注环保属性的产品
		XR3	客户非常愿意购买环保属性的产品，愿意花费更高的价格
知觉行为控制	投入能力	TR1	企业科技活动人员比重较高
		TR2	企业科技活动经费支出占主营业务收入比重很大
		TR3	企业用于科技活动的设备较多
	研发能力	YF1	企业用于低碳技术创新的 R&D 经费占主营业务收入比重很大
		YF2	企业用于低碳技术创新的 R&D 人员比重很高
		YF3	企业人均环保专利数很多
		YF4	企业科研成果转化率较高
	生产能力	SC1	企业生产设备环境技术水平很高
		SC2	企业生产人员环境技术水平很高
		SC3	企业绿色生产管理水平很高
低碳技术创新行为扩散	末端治理创新行为扩散	MD1	企业经常改进废气处理技术
		MD2	企业经常改进废水处理技术
		MD3	企业经常改进固体废弃物处理技术
	清洁工艺创新行为扩散	GY1	企业经常改进生产工艺以降低环境污染
		GY2	企业经常改进生产工艺以遵守环保法规
		GY3	企业经常引进新的节能技术进行生产制造
	环保产品创新行为扩散	CP1	企业经常开发或采用结构和包装简化的新产品
		CP2	企业经常开发或采用容易回收再利用的新产品
		CP3	企业经常开发或采用原材料容易降解的新产品
		CP4	企业经常开发或采用低能耗的新产品

资料来源：自制。

　　另外，低碳技术创新行为扩散还可能受到企业规模、企业年龄和企业的所有制形式等因素的影响。因此，将企业规模、企业年龄和企业所有制形式作为控制变量加入研究模型中，在突出研究主题的前提下，尽可能降低其他因素对低碳技术创新行为扩散的影响。

（1）企业规模。低碳技术创新行为扩散可能会受到企业规模的影响。企业规模越大，越有能力对实施低碳技术创新行为投入更多资源，越有能力承担低碳技术创新失败的风险。因此，将企业规模作为控制变量引入到研究中。分别用 1 表示"小型"，2 表示"中型"，3 表示"大型"。

（2）企业年龄。低碳技术创新行为扩散可能会受到企业年龄的影响。企业成立时间越早，低碳技术创新意识可能形成的就越早，采取低碳技术创新行为的时间就可能越早，其所生产的环保产品越有可能在市场中占据领先地位，这会影响企业进一步低碳技术创新的积极性。因此，将企业年龄作为控制变量引入到研究中。分别用 1 表示"5 年以下"，2 表示"5～10 年"，3 表示"10～15 年"，4 表示"20 年以上"。

（3）企业所有制形式。所有制形式可能会对低碳技术创新行为扩散产生影响。例如，与国有企业相比较，民营企业的危机感可能更强，为了生存和发展，它们可能会更加注重通过低碳技术创新获取市场份额和竞争优势。因此，将企业所有制形式作为控制变量引入到研究中。本书将企业类型划分为国有性质企业、民营性质企业、三资性质的企业三类。分别用 1 表示"国有"，2 表示"民营"，3 表示"三资"。

2. 问卷设计与数据收集

问卷设计质量水平能够直接影响所回收数据的信度和效度水平，因此，大样本统计实证研究的结果会受到问卷设计的影响，科学的设计问卷是实证研究的第一步。首先，本书在设计变量内各个题项时，要保证题项之间具有较高的一致性，并严格区分各个题项之间的含义，根据被调查者理解程度不同设计多种句式去阐述同一个题项，便于被调查者理解，使问卷具有较高的信度水平。本书综合采纳国内外学者的建议，按照以下四个步骤对问卷进行设计。

（1）文献研究。为了使变量具有较好的内容效度，通过对相关领域的经典文献进行研究，尽可能参考国内外已有的成熟量表，同时根据扎根理论的研究成果，对研究中的测度题项进行设计，形成研究的初始问卷。

（2）田野调查。在文献研究的基础上，研究者亲自走访企业展开田野调查，调查对象主要是装备制造企业的高管团队，征求和询问被调查者对研究初始假设的观点和看法，挑选出不能充分解释变量的测量题项，和被调查者不能准确理解的测量题项，进行修正和完善，形成研究问卷的第二稿。

（3）专家交流讨论。通过参加国内外学术会议、国内外学者学术讲座、研究方法高级培训班等方式，征求和询问本领域的专家学者对研究问卷第二稿中假设的观点和看法。根据专家意见，对问卷进行二次修正和完善，使题项能够充分测量变量，包含所研究的理论构面，形成研究问卷的第三稿。

（4）小样本预测试。最后，在实施正式的大样本问卷发放前，首先对小样本问卷发放进行预测试，以初步检验变量的信度和效度水平，删除没有通过检验的测量题项，形成研究问卷的最终稿。

调查问卷共包括两部分：第一部分是被调查者个人基本资料，包括被调查者的性别、年龄、学历、任职时间等信息；企业的基本信息调查，包括被调查企业的企业规模、企业年龄、所有制形式以及企业所处的行业领域等。第二部分为问卷的主体部分，包括对所研究变量的测量，采用Likert7点式量表赋分，分别表示为"1——非常不符合；2——不符合；3——有点不符合；4——一般；5——有点符合；6——符合；7——非常符合"。被调查者在填写问卷时，可能会因为不理解问题的真实含义、不知道所设问题的答案、不记得所设问题的答案、知道问题的正确答案可是因为某种原因不愿意给出真实的答案等，对问卷结果的准确性和客观性造成不利影响，最终影响研究结论的可靠性。本书通过以下四种方式来提高问卷测试结果的客观性和准确性。

第一，在设计问卷时，要多方征求和询问该领域学术专家、技术专家、企业管理者的意见，不断改进和修改问卷内容，并对问卷进行预测试，清晰、准确地将问题表述出来，避免发生歧义和误解，便于被调查者正确理解问题并正确作答。

第二，主要选取在被调查企业管理、技术、研发、生产等涉及低碳技术创新的岗位工作1年以上，了解企业低碳技术创新现状的高层管理者作为调查对象。

第三，问卷中的所有问题都是关于企业现阶段或者最近三年的低碳技术创新行为扩散情况，尽可能降低被调查者由于记忆原因对问卷结果造成的负面影响。

第四，在问卷的第一页承诺本次问卷调查属于纯学术研究性质，问卷采取不记名作答，所提供信息仅供学术研究之用，不会对任何人或者任何机构以任何方式进行公开，且不涉及企业的任何商业秘密，以提高被调查者答题的真实性和积极性。

为了保证研究具有较高的质量水平和外部效度，样本数据信息质量需要具有较高的真实性、可靠性和有效性。可以通过选择合适的问卷发放渠道，保证问卷发放和回收的可靠性和有效性，保证问卷信息填写的真实性。主要采取以下四种方式，分两个阶段发放和回收问卷。第一阶段是由研究者本人直接发放 60 份小样本问卷，进行预测试，完善问卷内容后，再发放 540 份大样本问卷。

一是研究者直接发放。通过亲自走访、邮寄、参加企业论坛等形式，向有项目合作关系的企业直接发放和收集问卷样本。共发放问卷 60 份，回收有效问卷 50 份。这种问卷发放形式可以将受访者特征控制在一定范围内，所获得的信息质量水平和可信度都较高。

二是人际关系渠道发放。借助科研团队向相关企业发放问卷 100 份，回收有效问卷 87 份。这种问卷发放形式所获得的信息较为真实，有效问卷回收率是最高的。

三是高校 EMBA 和 MBA 课程渠道发放。通过哈尔滨工程大学、哈尔滨工业大学等高校开设的 EMBA 和 MBA 课程，共发放问卷 200 份，回收有效问卷 152 份。这种问卷发放形式的受访者都是企业中的高层管理者，行业分布具有分散性，样本质量较好。

四是通过问卷星等网络工具发放。这条问卷发放渠道无法控制受访者的任职时间，因此，受访者的任职时间较为分散，需要剔除一些任职时间低于 1 年的问卷。共发放问卷 240 份，回收有效问卷 176 份。

最终共向 106 家装备制造企业的高层管理者发放问卷 600 份，回收 498 份。删除无效问卷（缺失值较多的、有明显规律的、只有一个企业或者高管团队成员填写的、组内差异很大的问卷），最后剩余 95 家装备制造企业的 465 份有效问卷，有效问卷率为 77.5%（见表 2 - 7）。

表 2 - 7　　　　　　　　问卷发放与回收情况统计（n = 465）

方式	发放问卷数量（份）	有效问卷数量（份）	有效问卷率（%）
研究者本人	60	50	83.3
人际关系	100	87	87.0
高校 EMBA 和 MBA 课程	200	152	76.0
网络工具	240	176	73.3
合计	600	465	77.5

资料来源：自制。

3. 数据分析和检验

（1）描述性统计分析。

表 2 - 8 和表 2 - 9 为有效样本的基本特征的分布情况统计。其中，表 2 - 8 为样本组织基本特征的分布情况统计，从表中可以看出，样本总体具有较高的离散程度。从企业规模的分布上看，以中小企业为主，样本分布基本呈现正态分布的状态。从企业年龄特征的分布上看，以 6 ~ 10 年的企业居多，样本分布也基本呈现正态分布的状态。从企业所有制性质的分布上看，民营企业居多，约占了一半的数量。最后，从样本所属的行业分布上看，十分离散，覆盖了 7 类装备制造行业领域，使本研究在样本特征上具有较好的外部效度。表 2 - 9 为被调查者背景特征的分布情况统计，可以看出，在被调查者中，男性高管人数（80.2%）远高于女性高管数量（19.8%）。年龄主要集中在 36 ~ 55 岁（74.8%），35 岁以下的青年高管和 56 岁以上的高管分别占 21.1% 和 4.1%，与企业高管任职年龄的一般规律相符。学历主要集中在本科以上（74.2%），说明问卷的有效性较高。任职时间主要集中在 4 年以上（76.6%），仅有 23.4% 的高管任职时间在 3 年以下，可见被调查者比较了解本企业的发展情况。

表 2 - 8 样本企业特征统计表 （N = 95）

属性	类型	样本数量	百分比（%）
企业规模	小型	20	21.1
	中型	56	58.9
	大型	19	20.0
企业年龄	5 年及以下	15	15.8
	6~10 年	35	36.8
	11~20 年	28	29.5
	21 年及以上	17	17.9
所有制性质	国有	31	32.6
	民营	41	43.2
	三资企业	23	24.2
所属行业	金属制品业	5	5.3
	通用设备制造业	11	11.6
	专用设备制造业	9	9.5
	交通运输设备制造业	25	26.3
	电气机械及器材制造业	23	24.2
	通信设备、计算机及其他电子设备制造业	18	18.9
	仪器仪表及文化、办公用机械制造业	4	4.2

资料来源：自制。

表 2 - 9 被调查者特征统计表 （n = 465）

属性	类型	样本数量	百分比（%）
性别	男	373	80.2
	女	92	19.8
年龄	35 岁以下	98	21.1
	36~45 岁	182	39.1
	46~55 岁	166	35.7
	56 岁以上	19	4.1

属性	类型	样本数量	百分比（%）
学历	大专及以下	120	25.8
	本科	277	59.6
	研究生	68	14.6
任职时间	3 年及以下	109	23.4
	4～10 年	187	40.2
	11 年及以上	169	36.4

资料来源：自制。

为了从整体上发现每一个变量测量数据的内在规律，需要对所获得的数据进行描述性统计。应用软件 SPSS 计算出所涉及的 67 个变量的测量数据的平均值和标准差，结果如表 2 - 10 所示。所有变量的测量数值的平均值均在 4.12 和 4.98 之间，标准差均在 1.232 和 1.587 之间，表明获得的数据呈现出较好的离散状态，适合进行后续研究。

（2）小样本的信度和探索性因子分析。

首先，采用探索性因子分析对小样本预测试问卷进行分析，从一开始设定的 67 个变量中提取少数具有一般因素特征的变量，挖掘变量之间的隐性结构。进行小样本预测试之后，对问卷内容和题项进行改进，在此基础上，采用验证性因子分析对大样本数据进行分析。进行探索性因子分析的小样本数据和验证性因子分析的大样本数据是相互独立、不重复的。

信度检验，又叫作可靠性分析，是对所使用的量表的可信程度的检验。信度是指测量结果的一致性或稳定性。通常用信度系数来检验量表的信度水平。大多数学者采用内部一致性系数 Cronbach's α 来测量量表信度，Cronbach's α 系数的临界值是 0.7，当 Cronbach's α 值大于 0.7 时，该题项可以被接受。本研究采用 SPSS 软件中度量模块的可靠性分析量表的信度进行检验，同时利用 Cronbach's α 系数法判断问卷题项的信度。当某个题项被删除之后，Cronbach's α 系数变大，则说明此题项应该被删除，否则此题项应该保留。基于此，本书各量表的信度检验具体结果如表 2 - 11 所示。

表 2 – 10 研究变量测量数据的描述性统计

变量	编号	平均值	标准差	变量	编号	平均值	标准差
潜在经济利益	QJ1	4.34	1.336	环境规制	HG1	4.35	1.358
	QJ2	4.23	1.453		HG2	4.69	1.415
	QJ3	4.78	1.234		HG3	4.32	1.478
	QJ4	4.98	1.564		HG4	4.52	1.287
潜在生态利益	QS1	4.12	1.396		HG5	4.87	1.367
	QS2	4.65	1.321	政府目标压力	ZF1	4.22	1.512
	QS3	4.77	1.547		ZF2	4.68	1.326
	QS4	4.55	1.238		ZF3	4.52	1.354
	QS5	4.54	1.369	榜样形象标杆	BY1	4.51	1.541
潜在社会利益	QH1	4.37	1.587		BY2	4.35	1.325
	QH2	4.84	1.442		BY3	4.74	1.364
	QH3	4.45	1.364	客户认可度	XR1	4.42	1.426
	QH4	4.48	1.232		XR2	4.51	1.454
企业家认知因素	QR1	4.86	1.397		XR3	4.36	1.325
	QR2	4.23	1.451	投入能力	TR1	4.62	1.478
	QR3	4.76	1.426		TR2	4.84	1.465
	QR4	4.46	1.434		TR3	4.59	1.357
	QR5	4.55	1.498	研发能力	YF1	4.52	1.421
企业社会责任	QZ1	4.32	1.457		YF2	4.69	1.422
	QZ2	4.75	1.354		YF3	4.32	1.455
	QZ3	4.67	1.391		YF4	4.27	1.325
	QZ4	4.89	1.432	生产能力	SC1	4.37	1.369
	QZ5	4.82	1.378		SC2	4.48	1.364
	QZ6	4.75	1.312		SC3	4.45	1.361

续表

变量	编号	平均值	标准差	变量	编号	平均值	标准差
合作因素	HZ1	4.84	1.432	末端治理技术创新行为扩散	MD1	4.24	1.478
	HZ2	4.33	1.357		MD2	4.57	1.462
	HZ3	4.54	1.452		MD3	4.33	1.495
	HZ4	4.45	1.337	清洁工艺创新行为扩散	GY1	4.49	1.435
竞争因素	JZ1	4.76	1.354		GY2	4.63	1.382
	JZ2	4.90	1.325		GY3	4.36	1.376
	JZ3	4.39	1.478	环保产品创新行为扩散	CP1	4.76	1.421
	JZ4	4.59	1.442		CP2	4.56	1.409
	JZ5	4.63	1.457		CP3	4.43	1.397
					CP4	4.66	1.376

观察可知，所有要素指标的 Cronbach's α 值均大于 0.7，这也就说明样本数据的各变量的计量比较可靠，信度较高，能够满足本研究的需要。而题项 QZ1、YF4 的"项目已删除的 Cronbach's α 值"均大于"Cronbach's α 值"，所以考虑将其删除，那么删除之后的装备制造企业低碳技术创新行为扩散机理要素量表剩余 65 个题项。

表 2 - 11　　　　　　　小样本信度和效度分析结果 （n = 50）

变量	维度	题项	α	题项删除的 α	KMO	因子载荷	解释方差（%）	问项相关系数
创新意愿	潜在经济利益	QJ1	0.845	0.816	0.855	0.803	75.123	0.312 - 0.687
		QJ2		0.781		0.845		
		QJ3		0.819		0.816		
		QJ4		0.805		0.712		
	潜在生态利益	QS1	0.834	0.821	0.787	0.854	71.432	0.442 - 0.697
		QS2		0.756		0.706		
		QS3		0.798		0.786		
		QS4		0.814		0.841		
		QS5		0.778		0.823		

续表

变量	维度	题项	α	题项删除的 α	KMO	因子载荷	解释方差（%）	问项相关系数
创新意愿	潜在社会利益	QH1	0.889	0.841	0.823	0.841	76.578	0.357－0.659
		QH2		0.735		0.869		
		QH3		0.789		0.734		
		QH4		0.741		0.807		
创新态度	企业家认知因素	QR1	0.854	0.847	0.784	0.754	70.348	0.435－0.645
		QR2		0.825		0.856		
		QR3		0.837		0.829		
		QR4		0.804		0.878		
		QR5		0.813		0.862		
	企业社会责任	QZ1	0.804	0.812	0.789	0.763	71.675	0.378－0.665
		QZ2		0.756		0.851		
		QZ3		0.769		0.846		
		QZ4		0.763		0.892		
		QZ5		0.792		0.784		
		QZ6		0.796		0.841		
	合作因素	HZ1	0.832	0.756	0.818	0.798	73.987	0.459－0.699
		HZ2		0.817		0.853		
		HZ3		0.826		0.877		
		HZ4		0.785		0.843		
	竞争因素	JZ1	0.812	0.787	0.834	0.675	68.617	0.365－0.641
		JZ2		0.786		0.820		
		JZ3		0.801		0.892		
		JZ4		0.793		0.847		
		JZ5		0.778		0.796		

续表

变量	维度	题项	α	题项删除的 α	KMO	因子载荷	解释方差（%）	问项相关系数
主观规范	环境规制	HG1	0.888	0.864	0.822	0.766	75.432	0.326 - 0.648
		HG2		0.859		0.835		
		HG3		0.878		0.839		
		HG4		0.854		0.864		
		HG5		0.846		0.867		
	政府目标压力	ZF1	0.838	0.812	0.843	0.832	66.856	0.334 - 0.692
		ZF2		0.819		0.847		
		ZF3		0.825		0.806		
	榜样形象标杆	BY1	0.867	0.862	0.813	0.768	67.294	0.409 - 0.632
		BY2		0.845		0.840		
		BY3		0.823		0.828		
	客户认可度	XR1	0.822	0.810	0.768	0.795	74.915	0.315 - 0.643
		XR2		0.808		0.817		
		XR3		0.811		0.826		
知觉行为控制	投入能力	TR1	0.856	0.846	0.754	0.874	78.417	0.348 - 0.671
		TR2		0.851		0.799		
		TR3		0.832		0.827		
	研发能力	YF1	0.898	0.874	0.821	0.819	80.125	0.419 - 0.707
		YF2		0.894		0.834		
		YF3		0.847		0.876		
		YF4		0.902		0.736		
	生产能力	SC1	0.809	0.745	0.781	0.811	77.557	0.334 - 0.646
		SC2		0.769		0.897		
		SC3		0.784		0.839		

续表

变量	维度	题项	α	题项删除的 α	KMO	因子载荷	解释方差（%）	问项相关系数
低碳技术创新行为扩散	末端治理技术创新行为扩散	MD1	0.865	0.855	0.811	0.821	72.345	0.365 – 0.578
		MD2		0.849		0.753		
		MD3		0.842		0.796		
	清洁工艺创新行为扩散	GY1	0.843	0.836	0.802	0.868	73.567	0.398 – 0.534
		GY2		0.839		0.846		
		GY3		0.820		0.821		
	环保产品创新行为扩散	CP1	0.853	0.845	0.824	0.839	77.589	0.407 – 0.612
		CP2		0.819		0.801		
		CP3		0.833		0.822		
		CP4		0.839		0.789		

资料来源：自制。

效度检验是对所使用的量表够有效测出所研究变量的程度高低的检验，效度通常包括内容效度、效标关联效度和建构效度三种，其中，建构效度又分为收敛效度和区分效度两种。在实际的实证研究过程中，学者们对内容效度和建构效度分析的较多。因此，本书主要对量表的内容效度、收敛效度和区分效度进行检验。

首先对于量表的内容效度，本书所选择的测量项目大部分来自已有的文献资料，已经历过学者们的实证考察，其合理性、科学性较有保障，另一部分测量项来自本研究的扎根理论结果，因此，可以认为本书的构造变量有较好的内容效度。此外，从调研访谈的反馈情况也可以看出现实的企业管理者也认可这些变量的量表问项，因此，本书所涉及的变量量表具有较高的内容效度。

其次，对于量表的收敛效度，采用探索性因子分析对量表进行分析，计算 KMO 值（Kaiser-Meyer-Olkin）、Bartlett's 球度检验的显著性水平、各变量的因子载荷值以及公因子的累计解释方差变异百分比，其中：要求 KMO 值至少在 0.6 以上且 Bartlett's 球度检验具有显著性，否则将不能进行因子分析;各变量的因子载荷值要大于 0.5,公因子的累计解释方差变异百分比要达到 30% 否则将不予以认为是有效的。

最后,对于量表的区分效度,通过各测量问项间的相关系数进行评定,要求对应的各测量问项间的相关系数具有显著性,同时,各测量问项间的相关系数的置信区间均不能含有数值 1(置信区间等于相关系数 ±2 倍的标准性误差),否则也将不认为是有效的。基于此,本书各量表的区分效度具体结果如表 2 – 11 所示。通过表 2 – 11 可以看出,各变量的 *KMO* 值均超过 0.768 且在概率小于 0.001 的条件下 *Bartlett's* 球度检验具有显著性;各变量的测量指标的因子载荷均超过 0.813,公因子的累计解释方差变异百分比均大于 66.856%,因此,本书的研究量表的收敛效度得到了验证。各测量问项间的相关系数在其相应的概率($p < 0.01$ 或 $p < 0.05$)下均达到了显著性水平,且相关系数的置信区间均不包含数值 1,因此,本书的研究量表通过了区分效度检验。

小样本数据进行信度效度检验之后,新的装备制造企业低碳技术创新行为形成机理要素量表如表 2 – 12 所示。

表 2 – 12　　　　　新的中国装备制造企业低碳技术创新行为
扩散机理验证要素模型量表

变量	维度	编号	题项
创新意愿	潜在经济利益	QJ1	企业专利申请数量比较多
		QJ2	企业新产品的销售收入占产品销售收入的比例比较高
		QJ3	企业全员劳动生产率比较高
		QJ4	企业单位产品生产成本比较低
	潜在生态利益	QS1	企业"三废"的排放量比较少
		QS2	企业"二废"的排放达标率比较高
		QS3	企业对"三废"以及余热余压进行了充分的回收综合利用
		QS4	企业单位工业增加值的综合能耗比较低
		QS5	企业对自然资源的综合利用率比较高

续表

变量	维度	编号	题项
创新意愿	潜在社会利益	QH1	企业经常荣获"名牌产品企业""诚信企业"等称号
		QH2	企业具有良好的公众形象
		QH3	企业维护利益相关者关系的成本较低
		QH4	企业员工数逐年增多
创新态度	企业家认知因素	QR1	企业高层领导有强烈的创新欲望
		QR2	企业高层领导对新环境技术有强烈的投资意愿
		QR3	企业高层领导对环境技术和发明有敏锐感知能力
		QR4	企业高层领导勇于面对不确定性，鼓励向风险挑战
		QR5	企业低碳技术创新行为取决于企业高层领导的支持
	企业社会责任	QZ1	企业愿意承担履行社会责任所产生的额外成本
		QZ2	企业愿意承担除了创造利润的其他社会责任
		QZ3	企业承担社会责任有利于自身发展
		QZ4	企业具有广泛的社会责任感
		QZ5	社会责任能够阻止企业不规范行为的产生
	合作因素	HZ1	企业的低碳技术创新得到很多政府部门和行业协会的支持
		HZ2	企业经常与大学、科研院所等公共研究机构技术合作
		HZ3	企业的低碳技术创新能得到技术中介服务机构的帮助
		HZ4	企业的低碳技术创新能从上下游以及同行业企业得到帮助和启发
	竞争因素	JZ1	行业内有许多竞争对手
		JZ2	企业与竞争对手提供的产品差别不大
		JZ3	竞争对手正试图提供更好的产品和服务，从而占领市场
		JZ4	企业的竞争者也在积极地进行技术创新活动
		JZ5	企业对竞争者的创新行动回应相当迅速

续表

变量	维度	编号	题项
主观规范	环境规制	HG1	企业所面对的排污降耗标准、减污技术标准和生产技术标准比较严格
		HG2	企业若违反低碳环境规制的标准将会受到严格的处罚
		HG3	企业进行节能减排能得到政府的补贴
		HG4	企业排污要承担相应的税费
		HG5	企业要缴纳一定的排污保证金
	政府目标压力	ZF1	企业落实国家控制温室气体排放的压力很大
		ZF2	企业落实国家减少能源资源消耗的压力很大
		ZF3	企业落实国家发展低碳经济的压力很大
	榜样形象标杆	BY1	许多企业正在采用先进节能环保设备研发节能降耗产品
		BY2	许多企业都通过了环境认证
		BY3	许多企业的"三废"排放量都在逐年降低
	客户认可度	XR1	客户对环保属性产品的认识非常深刻
		XR2	客户非常关注环保属性的产品
		XR3	客户非常愿意购买环保属性的产品，愿意花费更高的价格
知觉行为控制	投入能力	TR1	企业科技活动人员比重较高
		TR2	企业科技活动经费支出占主营业务收入比重很大
		TR3	企业用于科技活动的设备较多
	研发能力	YF1	企业用于低碳技术创新的R&D经费占主营业务收入比重很大
		YF2	企业用于低碳技术创新的R&D人员比重很高
		YF3	企业人均环保专利数很多
	生产能力	SC1	企业生产设备环境技术水平很高
		SC2	企业生产人员环境技术水平很高
		SC3	企业绿色生产管理水平很高
低碳技术创新行为扩散	末端治理创新行为扩散	MD1	企业经常改进废气处理技术
		MD2	企业经常改进废水处理技术
		MD3	企业经常改进固体废弃物处理技术

变量	维度	编号	题项
低碳技术创新行为扩散	清洁工艺创新行为扩散	GY1	企业经常改进生产工艺以降低环境污染
		GY2	企业经常改进生产工艺以遵守环保法规
		GY3	企业经常引进新的节能技术进行生产制造
	环保产品创新行为扩散	CP1	企业经常开发或采用结构和包装简化的新产品
		CP2	企业经常开发或采用容易回收再利用的新产品
		CP3	企业经常开发或采用原材料容易降解的新产品
		CP4	企业经常开发或采用低能耗的新产品

（3）大样本的信度和验证性因子分析。

依然采用 Cronbach's α 系数检验大样本数据的信度，采用验证性因子分析检验大样本数据的效度，以检验大样本数据的信度、效度水平和小样本的信度、效度水平是否相同，模型拟合度是否具有适配性。减去 50 份小样本数据，用剩余的 415 份样本进行验证性因子分析，问卷题项在小样本预测试之后稍微有所变动。

对"创新态度"构念层面下 19 个题项进行整体信度分析，得出 Cronbach's α 系数为 0.872，表明构念层面信度甚佳。然后，对"创新态度"构念下"企业家认知因素""企业社会责任""合作因素""竞争因素"四个因子进行信度分析，如表 2 - 13 所示，四个变量整体的 Cronbach's α 系数均大于 0.7，变量构成题项的"删除该题项后的 Cronbach's α 系数"均小于整体 Cronbach's α 系数，表明"创新态度"构念通过了信度检验。

表 2 - 13　　　　创新态度变量的信度检验（n = 415）

变量	维度	题项	α	题项删除的 α
创新态度	企业家认知因素	QR1	0.866	0.863
		QR2		0.824
		QR3		0.841
		QR4		0.806
		QR5		0.830

续表

变量	维度	题项	α	题项删除的 α
创新态度	企业社会责任	QZ1	0.873	0.826
		QZ2		0.809
		QZ3		0.814
		QZ4		0.844
		QZ5		0.868
	合作因素	HZ1	0.849	0.799
		HZ2		0.810
		HZ3		0.801
		HZ4		0.822
	竞争因素	JZ1	0.899	0.833
		JZ2		0.869
		JZ3		0.879
		JZ4		0.841
		JZ5		0.852

资料来源：自制。

在信度分析的基础上，以下对创新态度进行验证性因子分析。从表2-14可以看出，四因子模型 χ^2/df 为 2.711，小于3，RMSEA 为 0.076，小于 0.08，GFI、NFI、TLI、IFI 均大于 0.9，符合模型拟合标准，各因子对创新态度的因子载荷均在 0.67 以上，说明"企业家认知因素""企业社会责任""合作因素""竞争因素"四个维度协同构成的结构模型有良好的收敛效度，为了进一步验证四个因子属于二阶因子创新态度，对二阶因子模型验证显示，χ^2/df 为 2.665，小于 2.711，RMSEA 小于 0.08，GFI、NFI、TLI、IFI 均符合模型拟合标准，另外，由图2-3可知，各维度对创新态度的因子载荷大于 0.67，说明二阶因子创新态度结构模型具有良好的收敛效度，说明高阶变量创新态度由"企业家认知因素""企业社会责任""合作因素""竞争因素"四个维度协同构成。

表 2 – 14 创新态度验证性因子分析的拟合指标（n = 415）

拟合指数	χ^2/df	RMSEA	GFI	NFI	TLI	IFI
建议值	< 3	< 0.08	> 0.9	> 0.9	> 0.9	> 0.9
二阶因子模型	2.665	0.076	0.912	0.974	0.917	0.945
四因子模型	2.711	0.076	0.912	0.974	0.916	0.944
三因子模型	5.654	0.186	0.837	0.842	0.874	0.821
二因子模型	10.432	0.222	0.838	0.798	0.802	0.789
单因子模型	14.987	0.245	0.810	0.785	0.792	0.700

资料来源：自制。

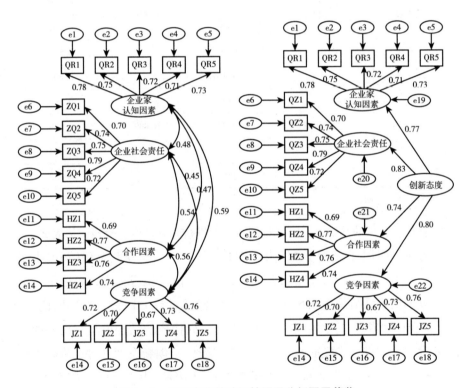

图 2 – 3 创新态度的验证性因子分析因子载荷

资料来源：自制。

　　对"主观规范"构念层面下 14 个题项进行整体信度分析，得出 Cronbach's α 系数为 0.899，表明构念层面信度甚佳。然后，对"主观规范"构念下"环境规制""政府目标压力""榜样形象标杆""客户认可

度"四个变量因子进行信度分析，如表 2 - 15 所示，四个变量整体的
Cronbach's α 系数均大于 0.7，变量构成题项的"删除该题项后的
Cronbach's α 系数"均小于变量因子的 *Cronbach's α* 系数，表明"主观规
范"构念通过了信度检验。

表 2 - 15　　　　　主观规范变量的信度检验（n = 415）

变量	维度	题项	α	题项删除的 α
主观规范	环境规制	HG1	0.901	0.878
		HG2		0.877
		HG3		0.847
		HG4		0.895
		HG5		0.867
	政府目标压力	ZF1	0.874	0.860
		ZF2		0.862
		ZF3		0.835
	榜样形象标杆	BY1	0.886	0.855
		BY2		0.848
		BY3		0.868
	客户认可度	XR1	0.854	0.844
		XR2		0.837
		XR3		0.841

资料来源：自制。

在信度分析的基础上，以下对主观规范进行验证性因子分析。从表
2 - 16 可以看出，四因子模型 χ^2/df 为 2.424，小于 3，*RMSEA* 为 0.078，
小于 0.08，*GFI*、*NFI*、*TLI*、*IFI* 均大于 0.9，符合模型拟合标准，各因
子对主观规范的因子载荷均在 0.64 以上，说明"环境规制""政府目标
压力""榜样形象标杆"和"客户认可度"四个维度协同构成的结构模型
有良好的收敛效度，为了进一步验证四个因子属于二阶因子主观规范，对
二阶因子模型验证显示 χ^2/df 为 2.234 小于 2.424，*RMSEA* 小于 0.08，

GFI、*NFI*、*TLI*、*IFI* 均符合模型拟合标准，另外，由图 2 - 4 可知，各维度对主观规范的因子载荷大于 0.64，说明二阶因子主观规范结构模型具有良好的收敛效度，说明高阶变量主观规范由"环境规制""政府目标压力""榜样形象标杆""客户认可度"四个维度协同构成。

表 2 - 16　　　　主观规范验证性因子分析的拟合指标（n = 415）

拟合指数	χ^2/df	RMSEA	GFI	NFI	TLI	IFI
建议值	< 3	< 0.08	> 0.9	> 0.9	> 0.9	> 0.9
二阶因子模型	2.234	0.078	0.925	0.963	0.920	0.932
四因子模型	2.424	0.078	0.925	0.963	0.920	0.932
三因子模型	6.432	0.143	0.867	0.819	0.747	0.764
二因子模型	9.987	0.155	0.754	0.853	0.804	0.759
单因子模型	18.454	0.236	0.733	0.725	0.758	0.792

资料来源：自制。

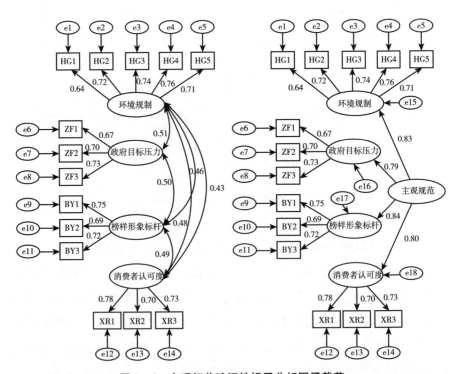

图 2 - 4　主观规范验证性银子分析因子载荷

资料来源：自制。

对"知觉行为控制"构念层面下 9 个题项进行整体信度分析，得出 *Cronbach's* α 系数为 0.862，表明构念层面信度甚佳。然后，对"知觉行为控制"构念下"投入能力""研发能力""产出能力"三个变量因子进行信度分析，如表 2 - 17 所示，三个变量整体的 *Cronbach's* α 系数均大于 0.7，变量构成题项的"删除该题项后的 *Cronbach's* α 系数"均小于变量因子的 *Cronbach's* α 系数，表明"知觉行为控制"构念通过了信度检验。

表 2 - 17　　　　　　知觉行为控制变量的信度检验（n = 415）

变量	维度	题项	α	题项删除的 α
知觉行为控制	投入能力	TR1	0.869	0.849
		TR2		0.852
		TR3		0.829
	研发能力	YF1	0.894	0.873
		YF2		0.892
		YF3		0.857
	生产能力	SC1	0.816	0.794
		SC2		0.791
		SC3		0.788

资料来源：自制。

在信度分析的基础上，以下对知觉行为控制进行验证性因子分析。从表 2 - 18 可以看出，三因子模型 χ^2/df 为 2.438，小于 3，*RMSEA* 为 0.071 小于 0.08，*GFI*、*NFI*、*TLI*、*IFI* 均大于 0.9，符合模型拟合标准，各因子对知觉行为控制的因子载荷均在 0.68 以上，说明"投入能力""研发能力""生产能力"三个维度协同构成的结构模型有良好的收敛效度，为了进一步验证三个因子属于二阶因子知觉行为控制，对二阶因子模型验证显示 χ^2/df 为 2.231 小于 2.438，*RMSEA* 小于 0.08，*GFI*、*NFI*、*TLI*、*IFI* 均符合模型拟合标准，另外，由图 2 - 5 可知，各维度对知觉行为控制的因子载荷大于 0.68，说明二阶因子知觉行为控制结构模型具有良好的收敛效度，说明高阶变量知觉行为控制由"投入能力""研发能力""生产能力"三个维度协同构成。

表 2-18　　知觉行为控制验证性因子分析的拟合指标 （n=415）

拟合指数	χ^2/df	RMSEA	GFI	NFI	TLI	IFI
建议值	<3	<0.08	>0.9	>0.9	>0.9	>0.9
二阶因子模型	2.231	0.071	0.932	0.952	0.918	0.935
三因子模型	2.438	0.071	0.932	0.952	0.918	0.935
二因子模型	7.449	0.155	0.864	0.848	0.842	0.865
单因子模型	11.631	0.289	0.783	0.836	0.721	0.767

资料来源：自制。

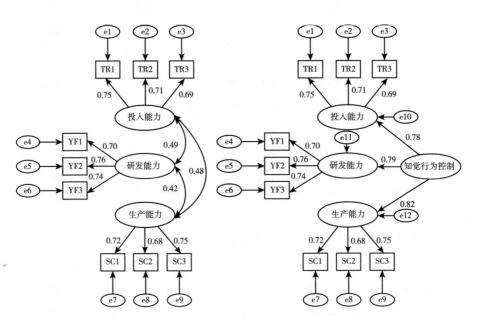

图 2-5　知觉行为控制验证性因子分析因子载荷

资料来源：自制。

对"创新意愿"构念层面下 13 个题项进行整体信度分析，得出 Cronbach's α 系数为 0.884，表明构念层面信度甚佳。然后，对"创新意愿"构念下"潜在经济利益""潜在生态利益""潜在社会利益"三个变量因子进行信度分析，如表 2 - 19 所示，三个变量整体的 *Cronbach's* α 系数均大于 0.7，变量构成题项的 "删除该题项后的 *Cronbach's* α 系数" 均小于变量因子的 *Cronbach's* α 系数，表明 "创新意愿" 构念通过了信度检验。

表 2 - 19　　　　　　　　创新意愿变量的信度检验（n = 415）

变量	维度	题项	α	题项删除的 α
创新意愿	潜在经济利益	QJ1	0.849	0.819
		QJ2		0.802
		QJ3		0.826
		QJ4		0.814
	潜在生态利益	QS1	0.864	0.823
		QS2		0.811
		QS3		0.810
		QS4		0.823
		QS5		0.817
	潜在社会利益	QH1	0.892	0.879
		QH2		0.822
		QH3		0.812
		QH4		0.801

资料来源：自制。

在信度分析的基础上，以下对创新意愿进行验证性因子分析。从表 2 - 20 可以看出，三因子模型 χ^2/df 为 2.258，小于 3，*RMSEA* 为 0.075，小于 0.08，*GFI*、*NFI*、*TLI*、*IFI* 均大于 0.9，符合模型拟合标准，各因子对创新意愿的因子载荷均在 0.65 以上，说明 "潜在经济利益" "潜在生态利益" "潜在社会利益" 三个维度协同构成的结构模型有良好的收敛效度。为了进一步验证三个因子属于二阶因子创新意愿，对二阶因子模型验证显示 χ^2/df 为 2.123 小于 2.258，*RMSEA* 小于 0.08，*GFI*、*NFI*、*TLI*、*IFI* 均符合模型拟合标准。另外，由图 2 - 6 可知，各维度对创新意愿的因子载荷大于0.65，说明二阶因子创新意愿结构模型具有良好的收敛效度，说明高阶变量创新意愿由"潜在经济利益""潜在生态利益""潜在社会利益"三个维度协同构成。

表2-20　　　　创新意愿验证性因子分析的拟合指标（n=415）

拟合指数	χ^2/df	RMSEA	GFI	NFI	TLI	IFI
建议值	<3	<0.08	>0.9	>0.9	>0.9	>0.9
二阶因子模型	2.123	0.075	0.962	0.974	0.927	0.945
三因子模型	2.258	0.075	0.962	0.974	0.927	0.945
二因子模型	8.332	0.145	0.866	0.843	0.803	0.835
单因子模型	16.676	0.254	0.829	0.813	0.826	0.865

资料来源：自制。

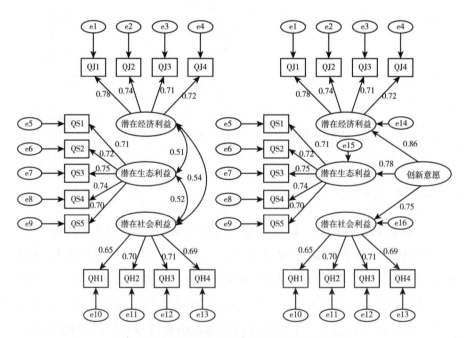

图2-6　创新意愿验证性因子分析因子载荷

资料来源：自制。

对"低碳技术创新行为"构念层面下10个题项进行整体信度分析，

得出 Cronbach's α 系数为 0.903，表明构念层面信度甚佳。然后，对"低碳技术创新行为扩散"构念下"末端治理创新行为扩散""清洁工艺创新行为扩散""低碳产品创新行为扩散"三个变量因子进行信度分析，如表 2 - 21 所示，三个变量整体的 Cronbach's α 系数均大于 0.7，变量构成题项的"删除该题项后的 Cronbach's α 系数"均小于变量因子的 Cronbach's α 系数，表明"低碳技术创新行为扩散"构念通过了信度检验。

表 2 – 21　　　　低碳技术创新行为扩散变量的信度检验（n = 415）

变量	维度	题项	α	题项删除的 α
低碳技术创新行为扩散	末端治理创新行为扩散	MD1	0.897	0.862
		MD2		0.871
		MD3		0.858
	清洁工艺创新行为扩散	GY1	0.889	0.882
		GY2		0.876
		GY3		0.845
	低碳产品创新行为扩散	CP1	0.882	0.866
		CP2		0.828
		CP3		0.876
		CP4		0.871

资料来源：自制。

在信度分析的基础上，对低碳技术创新行为扩散进行验证性因子分析。从表 2 - 22 可以看出，三因子模型 χ^2/df 为 2.733，小于 3，RMSEA 为 0.070，小于 0.08，GFI、NFI、TLI、IFI 均大于 0.9，符合模型拟合标准，各因子对低碳技术创新行为扩散的因子载荷均在 0.70 以上，说明"末端治理创新行为扩散""清洁工艺创新行为扩散""环保产品创新行为扩散"三个维度协同构成的结构模型有良好的收敛效度，为了进一步验证三个因子属于二阶因子低碳技术创新行为扩散，对二阶因子模型验证显示，χ^2/df 为 2.726，小于 2.733，RMSEA 小于 0.08，GFI、NFI、TLI、IFI 均符合模型拟合标准，另外，由图2-7可知，各维度对低碳技术创新行为扩散的因子载荷大于0.70，说明二阶因子低碳技术创新行为扩散结构模型具有良好的收敛效度，说明高阶变量低碳技术创新行为扩散由"末端治理创新行为扩散""清洁工艺创新行为扩散""低碳产品创新行为扩散"三个维度协同构成。

表2-22　低碳技术创新行为扩散验证性因子分析的拟合指标（n=415）

拟合指数	χ^2/df	RMSEA	GFI	NFI	TLI	IFI
建议值	<3	<0.08	>0.9	>0.9	>0.9	>0.9
二阶因子模型	2.726	0.070	0.912	0.974	0.917	0.944
三因子模型	2.733	0.070	0.912	0.974	0.917	0.944
二因子模型	10.212	0.167	0.832	0.856	0.822	0.823
单因子模型	19.654	0.234	0.809	0.814	0.828	0.843

资料来源：自制。

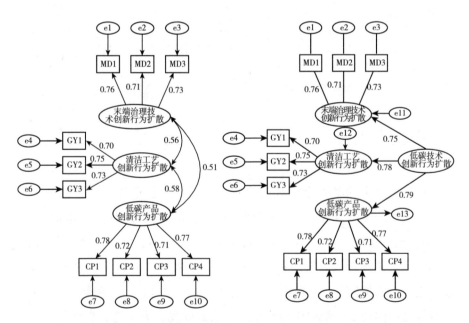

图2-7　低碳技术创新行为扩散验证性因子分析因子载荷图

资料来源：自制。

（4）模型假设检验以上验证结果为结构方程模型构建奠定了基础。

通过极大似然法（ML）验证中国装备制造企业低碳技术创新行为扩散机理的模型设计和相关理论假设。分析结果如表 2 – 23 和图 2 – 8 所示。创新意愿对低碳技术创新行为扩散有显著正向作用（$Beta = 0.487$，$p < 0.001$）。创新态度对创新意愿有显著正向作用（$Beta = 0.369$，$p < 0.01$），通过正向影响创新意愿对低碳技术创新行为扩散具有间接驱动作用（$0.180 = 0.369 \times 0.487$）。主观规范对创新意愿有显著正向作用（$Beta = 0.335$，$p < 0.01$），通过正向影响创新意愿对低碳技术创新行为扩散具有间接驱动作用（$0.163 = 0.335 \times 0.487$）。知觉行为控制对低碳技术创新行为扩散具有显著正向作用（$Beta = 0.292$，$p < 0.01$），知觉行为控制对创新意愿有显著正向作用（$Beta = 0.311$，$p < 0.01$），通过正向影响创新意愿对低碳技术创新行为扩散具有间接驱动作用（$0.151 = 0.311 \times 0.487$）。模型的拟合参数中，$\chi^2/\mathrm{df}$ 值小于 3，RMR 值小于 0.05，RMSEA 值小于 0.08，符合要求标准，模型的拟合参数 GFI、NFI、TLI、IFI 均大于 0.90，整个模型的拟合程度较好。

表 2 – 23　中国装备制造企业低碳技术创新行为扩散机理模型拟合指标

拟合指数	χ^2/df	RMSEA	GFI	NFI	TLI	IFI
建议值	< 3	< 0.08	> 0.9	> 0.9	> 0.9	> 0.9
检测值	1.837	0.076	0.942	0.963	0.914	0.929

资料来源：自制。

4. 实证结果分析

第一，创新意愿对低碳技术创新行为扩散有直接影响。创新意愿包括潜在经济利益、潜在生态利益和潜在社会利益 3 个类属。创新意愿对低碳技术创新行为扩散具有正向驱动作用。根据计划行为理论，创新意愿是创新态度到创新行为扩散的连接桥梁，它是企业从事低碳技术创新行为的态度、准则、可控性和动机的主观表达，反映企业为从事低碳技术创新行为而愿意付出的努力程度，因此，创新意愿是决定低碳技术创新行为扩散是否形成的重要因素之一。创新意愿是衡量企业是否进行低碳技术创新

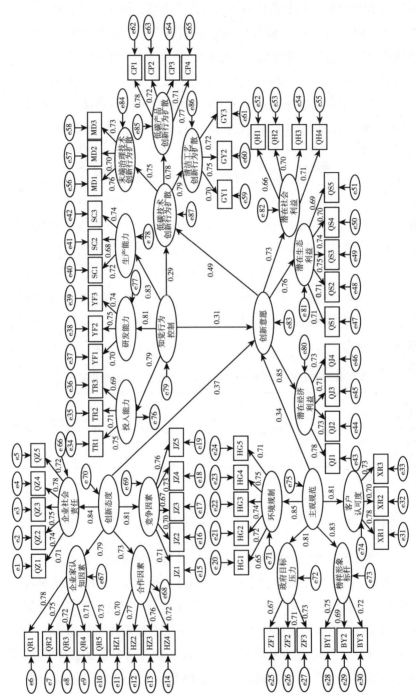

图 2-8 中国装备制造企业低碳技术创新行为扩散机理模型检验

资料来源：自制。

新的主观因素，反映了企业对引进新环保技术、研制新环保产品和改进生产流程等低碳技术创新行为的接受程度。一个企业对实施低碳技术创新行为的潜在经济利益、生态利益和社会利益的预期越高，它的低碳技术创新意愿越强，它就越愿意接受新思想、新观点、新技术，越有可能通过低碳技术创新来应对不断变化的外部环境同时提高自己的经济利益、生态利益和社会利益。因此，创新意愿能够较为显著地影响低碳技术创新行为扩散。

第二，创新态度对低碳技术创新行为扩散有间接影响。创新态度包括企业家认知因素、企业社会责任、合作因素和竞争因素 4 个类属。创新态度对创新意愿具有显著的正向作用，可以通过创新意愿对低碳技术创新行为扩散产生间接驱动作用。根据计划行为理论，低碳技术创新态度是企业对于低碳技术创新行为的信念，并且是决定创新意愿的重要因素。企业家作为企业低碳技术创新行为的最高决策者，其认知风格会直接影响其对低碳技术创新的态度，进而影响企业对采取技术创新行为的愿望程度。企业社会责任的履行有利于企业生态绩效、社会绩效的提升。适度的竞争压力和良好的合作关系能够促进企业进行低碳技术创新活动，是企业对低碳技术创新产生正面评价的动因。因此，创新态度能够通过创新意愿间接影响低碳技术创新行为扩散。

第三，主观规范对低碳技术创新行为扩散有间接影响。主观规范主要包括环境规制、政府目标压力、榜样形象标杆和客户认可度 4 个类属。主观规范对创新意愿具有显著的正向作用，可以通过创新意愿对低碳技术创新行为扩散产生间接驱动作用。当企业没有实施低碳技术创新行为时，如果外界压力过大，企业就有可能改变传统行为。企业感知到的规范主要表现在政府、竞争者和客户等对其低碳技术创新行为及结果的期望压力。当政府、竞争者、客户等大力倡导或通过法律法规鼓励低碳技术创新时，企业为了在市场中立足而接受政府、竞争者、客户等的期望，从而产生低碳技术创新压力，随着这种压力的不断沉淀、积累，会使企业认为"我应该低碳技术创新"，进而转化成低碳技术创新的愿望。因此，主观规范能够通过创新意愿间接影响低碳技术创新行为扩散。

第四，知觉行为控制对低碳技术创新行为扩散存在直接影响和间接影响。知觉行为控制包括低碳技术创新投入能力、研发能力和生产能力3个类属。知觉行为控制对创新意愿具有显著的正向作用，可以通过创新意愿对低碳技术创新行为扩散产生间接驱动作用，同时也可以对低碳技术创新行为扩散产生直接的驱动作用。知觉行为控制代表一个企业认为其可以控制低碳技术创新行为执行的程度。拥有相当程度的低碳技术创新投入能力、研发能力和生产能力等知觉行为控制，是企业产生低碳技术创新意愿和实施低碳技术创新行为的前提条件。但是如果有较高的投入能力和研发能力但没有相匹配的生产能力，这样也无法进行低碳技术创新行为。在企业拥有较高的低碳技术创新投入能力、研发能力和生产能力等知觉行为控制的条件下，即使它没有较强的低碳技术创新意愿，但是它的自身条件要求其必须进行低碳技术创新行为，因为此时通过低碳技术创新使自己的利益最大化。因此，知觉行为控制能够较为显著地直接或间接影响低碳技术创新行为扩散。

2.3 中国装备制造企业低碳技术创新行为扩散的网络结构分析

2.3.1 扩散网络结构的界定

为了对中国装备制造企业低碳技术创新行为扩散网络结构进行界定，首先需要明确的是，网络化是创新行为扩散的基础和特色，也是创新模式发展的必然结果，而这种网络化的创新行为扩散不仅是一种模式，而且与创新主体一同构成了低碳技术创新系统。其次，低碳技术创新系统结构即为这种创新行为扩散的网络化表征，它是微观层面主体之间低碳技术创新关系所不能体现的，复杂网络理论称这种宏观整体的结构特征为复杂性涌现。再次，在魏江构建的 CSP 模型中，创新网络的构成包含主体、关系和环境三个方面，而与 CSP 模型中创新网络的构成不同，复杂网络理论定义的网络结构侧重的是网络拓扑结构，它的构成要素主要包括网络节点和网络连边，其中网络的节点对应于创新行为扩散网络的主体，而网络的连边对应于创新行为扩散网络主体之间的关系。最后，对创新行为扩散网络的深入研究，尤其是创新行为扩散网络的结构和动力学的量化分析和建模研究需要遵循有用性和有效性原则，这要求对创新行为扩散网络的研究必须抓住创新行为扩散网络的核心和关键，以可量化和可建模的方式界定创新行为扩散网络以及其结构。虽然创新行为扩散网络所在的环境以及非直接参与的其他主体如政府、中介机构等对于创新行为扩散网络不可或缺，但是一般而言它们不是直接参与的主体，不是创新行为扩散网络的核心和关键，而且对这些因素和主体的考虑会导致创新行为扩散网络边界的模糊，妨碍对创新行为扩散网络的量化分析和建模研究。

综上所述，为了更好地对创新行为扩散网络进行研究，本章采用复杂网络理论的界定方法对创新行为扩散网络结构进行界定，即创新行为扩散网络结构特指其网络的拓扑结构，其结构的构成要素仅包括参与直接活动的网络主体及其之间的关系。关于创新行为扩散网络连边的分析，以下主要从连边类型、连边强度、连边的稳定性三个方面进行阐述。

1. 连边类型

虽然从创新行为扩散网络结构来看，网络中的连边的作用仅仅是连接作用，即连接不同的网络主体，但是这种连边的具体类型是丰富多样的。

（1）基于组织安排的连边。这种连边类型主要强调的是创新行为扩散网络形成的组织结构特征，它包括平台模式的组织结构和共建实体模式的组织结构。其中平台模式的组织结构的连边主要体现为以技术交流会议、共同研发等方式产生的合作关系，而共建实体模式则主要体现为通过共建研发基地、创新基地和人才培养基地等实体而产生的合作关系。

（2）基于技术的连边。这种连边类型强调的是创新行为扩散网络主体之间基于技术而产生的创新合作或创新转移关系。基于技术的连边过程实质是通过网络主体的技术关联使技术在创新行为扩散网络中进行创新与扩散的过程。它主要包括技术交流、技术转移、技术合作研发等形式。

（3）基于信息的连边。这种连边类型强调的是信息联系对于创新行为扩散网络的重要性，它是网络主体之间沟通的手段和方式，是创新行为扩散网络有效运作的基本保证，不仅影响网络主体之间的关系，而且有效的信息连边还能够进一步增加网络主体的协调度，强化它们之间的信任度。基于信息的连边主要包括产品信息链、技术信息链和人力资源链等形式。

（4）基于产权的连边。这种连边类型虽然并非创新行为扩散网络中合作关系的表现形式，但它是维持网络主体之间关系的基础，是连接网络主体的重要纽带。产权不仅表现为对创新行为扩散网络中的各项资源的权力归属，而且还包括网络主体本身的权益交叉和共用等。基于产权的连边形式主要包括网络主体之间在资金、技术、土地和实物等资源的控制和分配权利、网络主体的单向资源入股、共同入股和交叉入股等形式。

（5）基于价值链的连边。这种连边类型体现的是创新行为扩散网络主体之间在价值链的优势互补关系。在经济全球化背景下，价值联系不仅体现在企业内部，更重要的是体现在具有产业关联的企业之间，因此企业的经济活动不可避免地嵌入产业的价值链中。为了提高企业的经济效益，利用价值链上不同企业的优势互补关系进行低碳技术创新成为企业的重要战略，此时企业的技术创新过程被分解成为一系列的战略行为，通过这种企业战略的引导，创新行为扩散网络主体之间逐步形成特定结构的关系。

2. 连边的强度问题

网络关系分为正式关系和非正式关系，而上述关于创新行为扩散网络连边的类型论述说明了网络关系除了正式和非正式的不同关系以外还具有多种不同的类型。此外,创新行为扩散网络的关系还存在强弱之分,即网络连边的强度问题。格兰诺维特(1973)从互动的频率、感情的力量、亲密程度和互惠程度将网络中的连边强度划分为强连边和弱连边两类,认为强关系可以帮助网络主体建立信任关系,有利于网络主体之间非编码的隐性知识等资源的转移和学习,而弱关系则有助于信息在网络中进行扩散和传播。连边强度在创新行为扩散网络结构上的反映方式一般表现为网络连边的权重问题,通过特定方式为创新行为扩散网络的连边分配具有一致性关系的权重,从而构建权重网络,能够有效地体现网络连边的强度关系。

3. 连边的稳定性

创新行为扩散网络连边的稳定性其实质是网络主体之间关系的持续性。网络连边的稳定性一般受网络主体的战略目标、网络主体之间的信任关系以及网络风险的冲击等因素的影响。网络主体的战略目标包括基于产业价值链互补和创新资源配置等的低碳技术创新安排。网络主体之间的信任关系不仅是网络主体之间进行低碳技术创新行动的基础,而且还是创新行为扩散网络主体身份认同的象征。爱若(1972)指出,信任能够使企业之间建立持续性的合作关系,克鲁博(1996)证明了信任与组织间合作关系持续时间的强相关性。网络风险包括外生性风险和内生性风险两大类,它体现了由外部环境造成的或者网络自身衍生的风险所具有的复杂性、多样性和重叠性,它直接影响着创新行为扩散网络主体之间关系的持续性,其影响具有动态性和级联性等特征,是创新行为扩散网络关系管理的重要方面。

2.3.2 扩散网络结构的特征

与复杂网络结构分析所具有的复杂性相似,创新行为扩散网络的结构分析同样具有复杂性,其复杂性具体表现为四个方面。

第一,创新行为扩散网络宏观层面结构分析的复杂性。从宏观层面分析创新行为扩散网络的结构，其复杂性主要体现为它所具有的整体结构涌现性，即通过个体之间的创新行为如何涌现出网络整体层面的结构，包括网络的度序列和度分布形态、网络的平均度、平均路径长度、网络密度等。如创新行为扩散网络的度分布是具有无标度分布特征还是小世界分布特征？其平均度是否符合"六度分隔"实验结果？其网络结构是否属于有核网络结构？

第二，创新行为扩散网络中观层面结构分析的复杂性。从中观层面分析创新行为扩散网络的结构，其复杂性主要体现为创新行为扩散网络具有什么样的社团结构特征，它体现了创新行为扩散网络内部的派系情况，是创新行为扩散网络主体策略性交互行为的结果。此外，创新行为扩散网络的社团结构复杂性还表现为有重叠或多层关系叠加下的社团结构以及如何挖掘网络中的社团结构等方面。

第三，创新行为扩散网络微观层面结构分析的复杂性。从微观层面分析创新行为扩散网络的结构，其复杂性主要体现为创新行为扩散网络节点影响力的评估、网络位置和节点影响力的匹配等方面。实际上，节点在创新行为扩散网络中具有的影响力除了合作关系的数量以外，还包括该节点的邻居节点的合作关系数量、节点对其他节点合作关系产生和存续的影响等，而且节点在创新行为扩散网络中不仅拥有影响力，同时还占据不同层次的网络位置，节点的影响力和其所在的网络位置是否匹配是影响节点乃至网络整体结构、动力学和功能的重要因素。

第四，创新行为扩散网络结构稳定性分析的复杂性。从网络结构稳定性层面分析创新行为扩散网络的结构，其复杂性主要体现为创新行为扩散网络在遭遇不同类型的风险冲击时，能否以及在什么程度上维持其动力学行为和功能的完整性，而网络结构的稳定性是网络动力学和网络功能得以实现的基础。复杂网络理论研究指出，具有幂律分布特征的无标度网络对蓄意攻击具有脆弱性而对随机攻击具有鲁棒性，那么创新行为扩散网络是否具有类似的稳定性特征？它能够在什么程度上维持其结构的稳定性？

实际上，创新行为扩散网络的结构决定其动力学行为和过程，并最终决定网络的功能，同时网络功能和网络动力学对网络的结构产生影响，它们之间相互作用。创新行为扩散网络结构的复杂性一方面体现为通过网络主体之间的策略性交互行为而产生的整体涌现性,另一方面,其复杂性同时随着创新行为扩散网络的动态演化而变化。由于创新行为扩散网络结构本身具有的复杂性,这决定了现有关于创新行为扩散网络的定性理论分析难以解决上述问题,因此,如何分析创新行为扩散网络结构的复杂性是认识和完善创新行为扩散网络的首要基础。

2.4 复杂网络下中国装备制造企业低碳技术创新行为扩散的机制体系设计

2.4.1 设计依据

前文对中国装备制造企业低碳技术创新行为扩散机理的分析结果及网络结构分析结果,是复杂网络下中国装备制造企业低碳技术创新行为扩散机制体系设计的依据。

一方面,中国装备制造企业低碳技术创新行为扩散的网络结构分析表明,中国装备制造企业之间由于不同关系构成了低碳技术创新行为扩散的网络,在网络中企业间的不同关系对低碳技术创新行为扩散提供了载体和路径。各企业构成了网络的节点,企业之间的关系构成了连边。基于组织安排的连边能够通过组织内部的合作和交流促进低碳技术创新行为的扩散。基于技术的连边能够通过低碳技术创新的转移促成低碳技术创新行为的扩散。基于产品信息、技术信息和人力资源等形式的连边能够通过低碳技术创新知识共享或知识转移促进低碳技术创新行为的扩散。基于产权的连边能够通过低碳技术创新资源的共享和转移促成低碳技术创新行为的扩散。基于价值链的连边能够通过企业之间的产业关联和价值共创机制促成低碳技术创新行为的扩散。

另一方面，装备制造企业低碳技术创新行为扩散机理研究表明，创新态度和知觉行为控制都会影响企业低碳技术创新意愿，进而影响低碳技术创新行为扩散。创新态度中包含了企业家对低碳技术创新的认知、企业社会责任、合作因素和竞争因素，企业家认知和企业社会责任影响了企业自发进行低碳技术创新的意愿，合作因素和竞争因素体现了市场竞争环境对企业低碳技术创新意愿的影响。知觉行为控制包括装备制造企业的投入能力、研发能力和生产能力，这些能力会对企业实施低碳技术创新的潜在收益产生影响，进而影响企业的低碳技术创新行为扩散。此外，主观规范主要体现了外部力量对装备制造企业低碳技术创新意愿的影响，进而影响低碳技术创新行为的扩散。例如环境规制和政府目标压力体现了政策层面对装备制造企业低碳技术创新行为扩散的推动作用。从装备制造企业低碳技术创新行为扩散机理研究结果发现，创新态度、知觉行为控制和主观规范都通过创新意愿对低碳技术创新行为扩散有间接影响。而创新意愿主要包含了装备制造企业实施低碳技术创新的潜在经济利益、生态利益和社会利益，从产业层面看，装备制造业的经济效益、生态效益和社会效益可视为低碳技术创新行为扩散的效果，为中国装备制造企业低碳技术创新行为扩散评价与调节机制提供了理论依据。

2.4.2   设计结果

根据前文对复杂网络视角下中国装备制造企业低碳技术创新行为扩散机制体系设计依据的分析，本书认为应该从低碳技术创新行为扩散的动力机制、激励机制、评价与调节机制三方面构建中国装备制造企业低碳技术创新行为扩散机制体系。

第一，复杂网络视角下中国装备制造企业低碳技术创新行为扩散动力机制主要是针对市场机制下的行为扩散动力因素设计的推动机制。按照前文分析，其理论依据主要来自创新态度和知觉行为规范对低碳技术创新行为扩散的影响。在市场竞争下，装备制造企业构成的扩散网络中企业通过相互之间的关系连边进行博弈，力求在市场竞争环境下的利益最大化，据此设计出复杂网络视角下中国装备制造企业低碳技术创新行为扩散动力机制。

　　第二，复杂网络视角下中国装备制造企业低碳技术创新行为扩散激励机制主要是针对以政府的目标和政策等外部力量对低碳技术创新行为扩散的激励作用而设计。在政策等外部激励因子的作用下，中国装备制造企业实施低碳技术创新行为能够提升潜在的经济效益和社会效益，进而通过企业之间的相互学习实现装备制造企业低碳技术创新行为扩散。但不同的政策规制起到的激励作用不同，且不同激励措施对不同规模的网络激励效果也存在差异。因此本书将针对不同的规制措施对不同网络结构和规模的扩散网络作用结果设计出复杂网络视角下中国装备制造企业低碳技术创新行为扩散激励机制。

　　第三，复杂网络视角下中国装备制造企业低碳技术创新行为扩散评价与调节机制是对低碳技术创新行为扩散效果的评价，并据评价结果提出调节机制的研究。装备制造企业低碳技术创新行为扩散的结果是实现产业效益的提升，具体包括经济效益、生态效益和社会效益等方面。据此本书将构建中国装备制造企业低碳技术创新行为扩散的评价指标体系和评价模型，进行实证研究。根据实证结果提出中国装备制造企业低碳技术创新行为扩散的调节机制。

2.5　本章小结

　　本章运用扎根理论探析装备制造企业低碳技术创新行为扩散机理，研究表明，创新意愿、创新态度、主观规范和知觉行为控制这 4 个主范畴对装备制造企业低碳技术创新行为扩散存在显著影响。创新意愿对低碳技术创新行为有显著正向作用，创新态度对创新意愿有显著正向作用，通过正向影响创新意愿对低碳技术创新行为具有间接驱动作用，主观规范对创新意愿有显著正向作用，通过正向影响创新意愿对低碳技术创新行为具有间接驱动作用。知觉行为控制对低碳技术创新行为具有显著正向作用，知觉行为控制对创新意愿有显著正向作用，通过正向影响创新意愿对低碳技术创新行为具有间接驱动作用。基于装备制造企业低碳技术创新行为扩散机理和中国装备制造企业低碳技术创新行为扩散网络的结构分析，设计了复杂网络视角下中国装备制造企业低碳技术创新行为扩散机制体系。

第3章 复杂网络下中国装备制造企业低碳技术创新行为扩散的动力机制

3.1 中国装备制造企业低碳技术创新行为扩散网络的设定

经济系统是由内部各个经济主体作为节点,不同经济主体间存在某种直接关系作为连边形成的一种网络。复杂网络为经济系统中从一种均衡演化到另一种均衡、从微观主体行为过渡到系统宏观现象的研究提供了理论基础和框架。复杂网络理论表明,在现实中个体间的接触并非全耦合或者完全随机的,现实世界中许多系统嵌于社会系统中具有拓扑统计特征,其演化博弈与网络结构之间有密切的联系。创新行为扩散的载体是复杂社会经济系统,在低碳技术创新行为扩散网络中,装备制造企业作为网络中的节点,装备制造企业之间的关系是低碳技术创新行为在扩散系统的重要传播渠道,也就是说低碳技术创新行为扩散也被嵌于复杂的关系网络之中。

3.1.1 复杂特性表征

装备制造企业低碳技术创新行为扩散是低碳技术创新行为在装备制造企业中扩散的过程，是通过装备制造企业的相互影响和相互作用涌现出的扩散现象，装备制造企业认同并采纳了低碳技术创新的观点，才会进一步将低碳技术创新的正面信息向外传播，若装备制造企业不认同低碳技术创新，则会将负面信息向外传播。装备制造企业在决策是否认同并实施低碳技术创新行为的决策过程具有复杂特性。装备制造企业对一项低碳技术创新的选择和评价是一个复杂的整体过程。这个过程不是企业自身对低碳技术创新信息的感知、学习、评价和决策等子过程的简单组合，而是装备制造企业通过与外部环境的接触和与其他个体的相互作用对低碳技术创新的认知、分析和决策的动态互动过程。

低碳技术创新行为主要通过两种途径传播——大众传媒（外部影响）和口碑传播（内部影响）。初始阶段主要通过大众传媒的传播使少数企业作为创新观念领导者、先驱者在系统中选择实施低碳技术创新行为。这些创新观念领导者之间存在复杂的人际关系，形成低碳技术创新行为扩散的初始网络，而后在口碑传播的主要影响下，追随者加入低碳技术创新行为扩散网络中，通过与已实施低碳技术创新行为企业的交流做出是否创新的决策，直至系统中认同低碳技术创新观点的企业数量不再变化达到稳定状态。因此，在装备制造企业低碳技术创新行为扩散过程中，装备制造企业间的关系网络对企业个体的观点以及信息的流通具有重要的影响。

装备制造企业低碳技术创新行为扩散是在一定的社会经济背景下，通过装备制造企业间互动、协同、竞争、促进等非线性作用机制实现低碳技术创新行为在装备制造企业群体中的扩散过程。从本质上看，这是一个以复杂网络为载体的演化过程。在这个复杂网络中，装备制造企业构成了网络的节点，装备制造企业之间的作用关系构成了错综复杂的网络关系，这种关系既包括工作关系、交易关系等正式关系，也包括个人关系和人际关系等非正式关系，这些网络关系也可称为网络中节点的连边。

3.1.2　网络拓扑结构

构建中国装备制造企业低碳技术创新行为扩散的初始网络 $G(V,E)$，其中，网络节点代表装备制造企业，V 表示网络中所有节点的集合，即扩散网络中所有装备制造企业的集合。E 代表装备制造企业之间的直接人际关系，这种关系可能是朋友和亲缘关系，也可能是直接的合作关系。假设网络中所有装备制造企业间的影响是互相的，即网络中所有连边是无向的，且两个节点之间至多存在一条连边。若 i 和 j 两节点间存在连边，说明二者存在直接关系，表示为 $e_{ij}=1$，若 i 和 j 两节点间不存在连边，说明二者不存在直接关系，表示为 $e_{ij}=0$。低碳技术创新行为扩散网络嵌于经济系统中也具有复杂网络的拓扑统计特征。本书主要通过平均路径长度、平均聚集系数和度分布来体现其网络拓扑结构特性。

1. 平均路径长度

在复杂网络中，两个节点之间通过连边相连，不相邻的两个节点也可以通过几条连边连接起来，例如节点 m 和节点 n 之间可以通过 (m,i_1)，(i_1,i_2)，(i_2,i_3)，$\cdots$，(i_k,n) k 条连边相连，若设两个相邻节点之间的路径长度为 1，则 m 和 n 之间的路径长度为 k。在复杂网络中，m 和 n 两个节点之间的路径可能有多种，其中一定存在一条最短的路径，长度为 k_{mn}，则整个网络中所有节点之间的最短路径长度总和为 $\sum_{kmn}$，则复杂网络中节点的平均路径长度为 $\sum_{kmn}/I(I-1)$，该指标主要用来表示复杂网络中任意两个节点之间建立联系需要通过的节点个数。

2. 度和度分布

度（Degree）是指复杂网络中与一个节点相连接的连边的数量，通常用 k 表示。平均度是指整个网络中所有节点度的平均值，主要用来衡量网络的密集程度。在装备制造企业低碳技术创新行为扩散网络中，度表示装备制造企业在扩散网络中去其他节点间建立联系的数量，也可以理解为该装备制造企业在扩散网络中的重要地位。度数越大，表示装备制造企业在扩散网络中与其他企业间联系越多，地位越重要，反之亦然。度分布是指复杂网络中节点度的概率分布函数，是与节点连接的连边数量的概率分布，也可以理解为网络中节点度的离散程度，通常用 $P(k)$ 表示。

3. 聚集系数

聚集系数是衡量复杂网络中群集现象的重要指标，又可称为簇系数。若在一个无向网络中节点 i 的度为 k，则表示该节点与网络中的 k 个节点相连，若这 k 个节点之间是完全相互连接的关系，则在这 k 个节点中共有 $k(k-1)/2$ 条连边，而在实际中这种完全相互连接的现象是很难存在的，若实际情况中该 k 个节点之间的连边数为 M，则节点 i 的聚集系数可表示为：

$$C_i = \frac{2M}{k(k-1)} \qquad (3-1)$$

整个扩散网络所有节点的平均聚集系数在统计意义上可以表示网络中节点的平均聚集程度，在中国装备制造企业低碳技术创新行为扩散网络中则表示装备制造企业的平均聚集程度，表达式为：

$$C = \frac{1}{N} \sum C_i \qquad (3-2)$$

3.1.3 网络结构设定

复杂理论表明，不同结构的复杂网络具有不同的功能，进而决定了以不同复杂网络为载体发生的不同动力学现象。因此，以不同结构的复杂网络为载体研究低碳技术创新行为扩散现象可能会有不同的结论。复杂系统的网络结构主要分为规则网络、随机网络、小世界网络和无标度网络四种形式。

　　规则网络主要包括全耦合网络、最近邻耦合网络和星型网络。全耦合网络中的所有节点之间都有连边互相连接，因此任意两节点间的最短路径都是 1，网络的平均路径长度为 1，最大的集聚系数为 1。最邻近耦合网络是指在一个节点为 N 的网络中每个节点只和与其临近的 $m(m < N)$ 个节点通过连边相互连接。星型网络是指在一个节点数为 N 的网络中有一个中心节点 i，其他 $N-1$ 个节点都只与中心节点 i 相连接。规则网络的提出是复杂理论的重大研究成果，但规则网络是复杂网络中最简单的网络结构，过于规则化和简单化，不能准确刻画和描述现实中的网络结构和特性。

　　随机网络是在一个节点数为 N 的网络中，节点之间按照完全没有规律随机的方式相连接形成的网络模型。随机网络具有较小的平均路径距离和集聚系数，度服从泊松分布。但经研究发现现实中的网络一般具有较大的集聚系数和较小的平均路径距离，而且度分布也并非服从泊松分布，因此随机网络也不能比较准确地刻画现实中的网络。

　　小世界网络（简称 WS 网络）的拓扑结构介于规则网络和随机网络之间，这种网络结构具有较大的集聚系数和较小的平均路径距离，相比于随机网络和规则网络更符合现实中的网络特性。小世界网络是在规则网络的最近邻耦合网络基础上以一定的概率重连网络中的所有连边，当该概率为 0 时则为完全规则网络，概率为 1 时为随机网络。由于小世界网络比较符合现实网络的小世界性和聚集性，因此在研究中很多学者认为现实网络与规则网络和随机网络不符，而与小世界网络特征相符。

　　无标度网络的度分布服从幂律分布，小世界网络的度分布服从指数分布，研究发现，现实网络的度分布应该是幂律分布。无标度网络具有增长和择优连接的特性。无标度网络的增长性弥补了规则网络、随机网络和小世界网络节点始终不变的不足，从初始 m_0 个节点完全连接的网络开始，在每个演化的时间步引入 n 个新节点，每个引入的新节点与网络中已经存在 m_1 个节点连接，随着时间的推移，网络中节点数目逐渐增多，网络规模逐渐增大，无标度网络具有的这种增长性更符合现实网络的特性。择优连接是指在每个时间步新节点以一定的概率选择与网络中已有的节点连接，设定低碳技术创新扩散的初始网络中有 m_0 个潜在采纳主体，新加入的潜在采纳主体更倾向于与低碳技术创新扩散网络中度数更大的节点相连接，这种现象在复杂网络中被称为"马太效应"，设扩散网络新加入 n 个潜在采纳企业按照概率 p 与已有的 $m(m < m_0)$ 个节点连接，直至扩散网络中的节点数量不再增加形成低碳技术创新扩散网络 $G(V,E)$，其中，概率 p 的表达式为：

$$p(k_i) = \frac{k_i}{\sum_j k_j} \tag{3-3}$$

在上述的四种复杂网络结构中，规则网络和随机网络实际是小世界网络的特殊形式。因此，本书将以黄玮强等人的研究成果为基础，以小世界网络和无标度网络为载体，研究中国装备制造企业低碳技术创新行为扩散过程，将网络规模分别设定为 50 节点、200 节点和 500 节点来探究不同网络规模的扩散过程。构建的小世界网络及无标度网络示意图及度和度分布图如图 3-1 至图 3-6 所示。

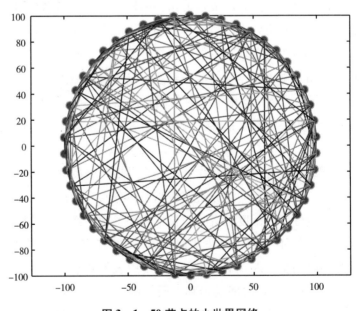

图 3-1 50 节点的小世界网络

资料来源：自制。

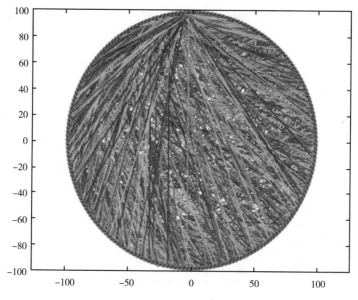

图 3-2 200 节点的小世界网络

资料来源：自制。

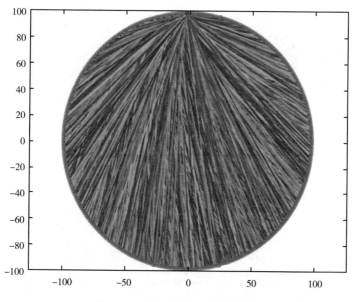

图 3-3 500 节点的小世界网络

资料来源：自制。

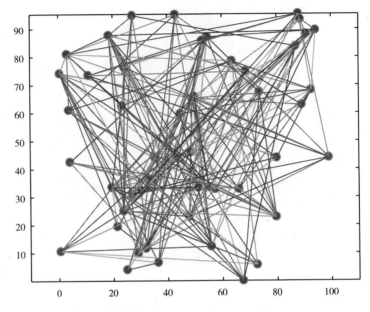

图3-4 50节点的无标度网络

资料来源：自制。

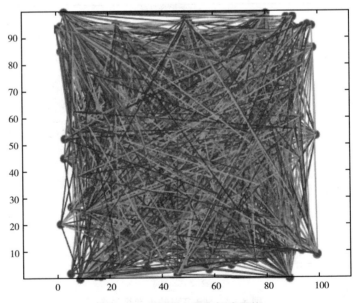

图3-5 200节点的无标度网络

资料来源：自制。

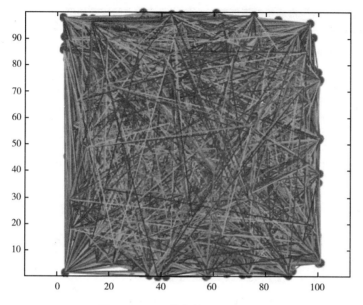

图 3 - 6　500 节点的无标度网络

资料来源：自制。

3.2　中国装备制造企业低碳技术创新行为扩散动力模型构建

3.2.1　创新行为扩散网络节点间的博弈动力模型

在市场作用机制下，装备制造企业面对低碳技术创新，接收到相关信息后决策是否认同并实施低碳技术创新行为，当博弈对方策略不同时将采取不同的策略，博弈支付矩阵如表 3 - 1 所示，具体分析如下。

表 3-1 **市场机制下创新行为扩散网络节点间博弈模型**

博弈双方策略		装备制造企业 2	
		实施	不实施
装备制造企业 1	实施	$\prod_{a1} + \prod_{b1} - I_1$; $\prod_{a2} + \prod_{b2} - I_2$	$\prod_{a1} + \prod_{b1} - I_1$; $\prod_{a2}$
	不实施	$\prod_{a1}$; $\prod_{a2} + \prod_{b2} - I_2$	$\prod_{a1}$; $\prod_{a2}$

资料来源：自制。

策略 1：当博弈双方选择（实施低碳技术创新，实施低碳技术创新）策略时，此时装备制造企业 1 和装备制造企业 2 分别获得收益 $\prod_{a1} + \prod_{b1} - I_1$ 和 $\prod_{a2} + \prod_{b2} - I_2$，其中 $\prod_{ai}$ 表示装备制造企业选择放弃低碳技术创新时的正常收益，$\prod_{bi}$ 表示实施低碳技术创新后能源利用率提高后装备制造企业增加的收益，I_i 表示装备制造企业实施低碳技术创新的投入，包括设备、技术、人力等方面，实施低碳技术创新后企业至少具有和原来相同的生产能力。

策略 2：当博弈双方选择（实施低碳技术创新，不实施低碳技术创新）策略时，装备制造企业 1 选择实施低碳技术创新策略的收益仍为 $\prod_{a1} + \prod_{b1} - I_1$，装备制造企业 2 则选择不实施低碳技术创新策略按照传统的方式生产运营，其收益为 $\prod_{a2}$。

策略 3：当博弈双方选择（不实施低碳技术创新，实施低碳技术创新）策略时，装备制造企业 1 选择不实施低碳技术创新策略，按照传统方式生产运营，装备制造收益为 $\prod_{a1}$，企业 2 选择实施低碳技术创新策略存在增加的收益 $\prod_{b2}$ 及投入 I_2，其总收益为 $\prod_{a2} + \prod_{b2} - I_2$。

策略 4：当博弈双方选择（不实施低碳技术创新，不实施低碳技术创新）策略时，在市场机制下装备制造企业仍然按传统方式生产运营，双方收益不变，分别为 $\prod_{a1}$ 和 $\prod_{a2}$。

3.2.2　创新行为扩散网络的动力演化规则

在每一代博弈中，所有节点与它的每个邻居进行一次博弈，并将收益累积。在策略演化时，依据费米规则来考虑随机策略演化规则，即个体 i 会随机选择一个邻居 j 进行策略比较：如果邻居的本轮收益高于自身的收益，下一轮将以一定的概率模仿邻居的本轮策略，这种模仿概率根据统计物理中的费米函数计算：

$$W_{S_i \leftarrow S_j} = \frac{1}{1 + \exp\left[(U_i - U_j) / k \right]} \tag{3-4}$$

式中，S_i 表示个体 i 本轮采取的策略，U_i 为 i 本轮收益，S_j 表示个体 j 本轮采取的策略，U_j 为 j 本轮收益。该函数表示当本轮个体 i 的收益比 j 低时，i 很容易接受 j 的本轮策略；而如果 i 的收益高于 j 时，i 仍会以微弱的概率采取 j 的策略，个体 i 的这种非理性选择由 k 刻画，k 描述了环境的噪声因素，反映个体在策略更新时的不确定性，k 值越接近 0 表示个体的非理性选择趋近于 0，策略更新是确定的，如果对比对象的收益高于自身，则一定会选择学习，反之会坚持自身原本的策略；k 值趋近于无穷大时表示个体处于噪声环境中，无法做出理性决策，只能随机更新自己的策略。潜在采纳企业节点 i 以概率 W 选择学习策略后，将以随机概率 γ_{ij} 与扩散网络中的其他节点进行断线重连。本书利用带有偏好的重连机制确定节点的出连接 j，随机概率 γ_{ij} 可表示为：

$$\gamma_{ij} = \sum_{i \in G} \frac{U_j^\alpha}{U_i^\alpha} \tag{3-5}$$

式中，U_j 为节点 i 的收益；α 为偏好倾向，$\alpha = 0$ 表示此连接无任何偏好倾向，即为随机连接；α 越大，偏好倾向越明显。低碳技术创新行为扩散网络中所有节点按照上述规则进行策略学习和选择，实施低碳技术创新的企业占网络中总企业的数的比重将随着学习及策略的调整而产生波动直至达到稳定状态，实现低碳技术创新行为的扩散。

3.3 仿真过程及结果

用上节构建的中国装备制造企业低碳技术创新行为扩散的动力模型，以不同规模的小世界网络和无标度网络为载体，通过 Matlab 软件仿真分析中国装备制造企业低碳技术创新行为扩散过程。具体步骤如下。

在 t = 0 时刻，模拟建立一定节点数目的网络 $G(V,E)$，将博弈过程中的策略随机分配给网络中的节点并赋值，选择实施低碳技术创新策略值为 1，选择放弃低碳技术创新策略值为 0，并初始化参数。在 t = 1 时刻，第一次博弈结束。进入 t = 2 时刻，网络中低碳技术创新的潜在实施装备制造企业随机选择邻居节点进行收益比较，若收益大于或等于相比较的节点收益，则在下一轮博弈中该主体不改变策略；若收益小于相比较的节点收益，则以概率 $W_{s_i \leftarrow s_j}$（见公式 3 - 4）对相比较的节点策略进行模仿，此时若策略相同则不改变策略。在 t = 3 时刻，由于网络中主体的偏好机制，节点间的连边需要断边重连（见公式 3 - 5）。根据前文建立的博弈模型进行仿真。通过改变各参数的数值来探究各参数变化对小世界网络和无标度网络下低碳技术创新行为扩散的影响特征，每组参数测试 100 次，取扩散深度的平均值，研究扩散程度的变化情况。

3.3.1 基于小世界网络的仿真结果

为了探究中国装备制造企业低碳技术创新行为扩散深度和速度与选择实施策略增加的收益和投入情况以及扩散网络的规模之间存在哪些关系，本书将分别以 50 节点、200 节点和 500 节点的小世界网络为载体，通过改变原始收益 $\prod_{ai}$、选择实施策略增加的收益 $\prod_{bi}$ 以及投入 I_i 来对比讨论。设置的相关参数如表 3 - 2 所示，其中第三组和第五组数据相同，第六组和第七组数据相同,主要为了探索在实施低碳技术创新后企业的净收益不确定的情况下的扩散情况。

表 3 - 2　　　　　小世界网络低碳技术创新行为扩散仿真的参数设置

编码	$\prod_{a1}$	$\prod_{b1}$	I_1	$\prod_{a2}$	$\prod_{b2}$	I_2
T1、T8、T15	3	3	3	2	2	2
T2、T9、T16	3	4	3	2	3	2
T3、T10、T17	3	4	3	2	1	2
T4、T11、T18	3	2	3	2	1	2
T5、T12、T19	3	4	3	2	1	2
T6、T13、T20	5	2	3	4	1	2
T7、T14、T21	5	2	3	4	1	2

资料来源:自制。

观察图 3 - 7 可知,在 50 节点的小世界网络下,当所有装备制造企业选择实施低碳技术创新策略增加的收益 $\prod_{bi}$ 大于投入 I_i 时,扩散深度能够达到 100%,当所有装备制造企业选择实施策略增加的收益 $\prod_{bi}$ 小于投入 I_i 时,最终低碳技术创新行为扩散深度为 0。当部分装备制造企业选择实施策略增加的收益 $\prod_{bi}$ 大于投入 I_i,而部分装备制造企业选择实施策略增加的收益 $\prod_{bi}$ 小于投入 I_i 时,在该种规模的小世界网络载体下,系统仍然可以演化至扩散深度为 100% 的稳定状态。当装备制造企业原收益 $\prod_{ai}$ 水平较高但选择实施策略增加的收益 $\prod_{bi}$ 小于投入 I_i 时,原收益较高能够弥补实施后的亏损部分,这种条件下低碳技术创新行为扩散演化的稳定状态不确定,可能演化至扩散深度为 100% 稳定状态,也可能演化至扩散深度为 0 的稳定状态。

观察图 3 - 8 和图 3 - 9 中以 200 节点和 500 节点的小世界网络为载体的装备制造企业低碳技术创新行为扩散结果可知,与 50 节点的小世界网络演化结果相似,当所有装备制造企业选择实施策略增加的收益 $\prod_{bi}$ 大于投

入 I_i 时，低碳技术创新行为扩散深度能够达到100%，当所有装备制造企业选择实施策略增加的收益 $\prod_{bi}$ 小于投入 I_i 时，扩散深度最终结果为0，当部分装备制造企业选择实施策略增加的收益大于收入而部分增加的收益小于收入时，扩散深度仍然能够达到100%。然而与50节点的小世界网络装备制造企业选择实施策略增加的收益 $\prod_{bi}$ 等于投入 I_i 时扩散结果始终为0不同的是，在200节点和500节点网络中的扩散呈现不稳定的波动状态，另外当装备制造企业原收益 $\prod_{ai}$ 水平较高且能够弥补实施低碳技术创新后的亏损部分时，扩散深度最终结果为0。出现这种现象的原因可能是，在50节点的小世界网络中，信息交流与沟通更快，信息覆盖到全网络的时间相对较短，200节点和500节点的小世界网络平均最短路径距离相比50节点的小世界网络可能更大，信息交流比较慢，而信息在网络中交流的过程中可能存在信息准确性和完整性的缺失，对装备制造企业的决策过程会有较大的影响。

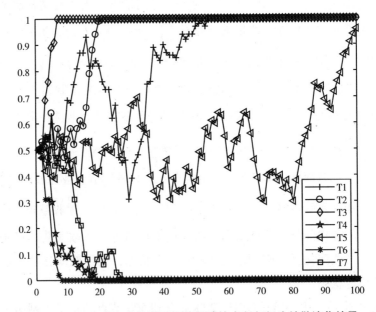

图3-7 50个节点小世界网络的低碳技术创新行为扩散演化结果

资料来源：自制。

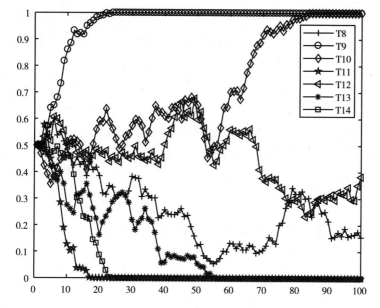

图 3 - 8 200 个节点小世界网络的低碳技术创新行为扩散演化结果

资料来源：自制。

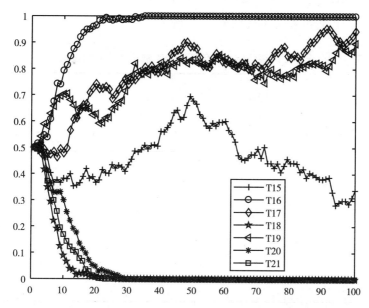

图 3 - 9 500 个节点小世界网络的低碳技术创新行为扩散演化结果

资料来源：自制。

通过上述分析可知，在以小世界网络为载体的装备制造企业低碳技术创新行为扩散结果对装备制造企业选择实施策略增加的收益 $\prod_{bi}$ 与投入 I_i 间的关系比较敏感，当所有装备制造企业选择实施策略增加的收益 $\prod_{bi}$ 大于投入 I_i 时，扩散深度可达100%，当 $\prod_{bi}$ 小于投入 I_i 时，扩散深度为0。当装备制造企业选择实施策略增加的收益与投入之间的关系不明确时，不同规模的小世界网络载体的扩散结果不同，规模越大，扩散结果向0演化的趋势越明显。

3.3.2   基于无标度网络的仿真结果

与以小世界网络为载体的中国装备制造企业低碳技术创新行为扩散仿真研究过程相似，分别以50节点、200节点和500节点的无标度网络为载体，通过仿真研究不实施低碳技术创新的收益 $\prod_{ai}$ 、实施低碳技术创新后增加的收益 $\prod_{bi}$ 以及实施低碳技术创新投入的总成本 I_i 的变化对扩散结果的影响。设置的相关参数如表3-3所示。

表3-3　　　　无标度网络低碳技术创新行为扩散仿真的参数设置

编码	$\prod_{a1}$	$\prod_{b1}$	I_1	$\prod_{a2}$	$\prod_{b2}$	I_2
S1、S8、S15	3	3	3	2	2	2
S2、S9、S16	3	4	3	2	3	2
S3、S10、S17	3	4	3	2	1	2
S4、S11、S18	3	2	3	2	1	2
S5、S12、S19	3	2	3	2	3	2
S6、S13、S20	5	2	3	4	1	2
S7、S14、S21	5	2	3	4	1	2

资料来源：自制。

观察对比图 3 - 10、图 3 - 11 和图 3 - 12 三种网络规模的扩散仿真曲线可知，当网络中部分装备制造企业选择采纳策略增加的收益 $\prod_{bi}$ 小于投入 I_i，另一部分装备制造企业收益 $\prod_{bi}$ 大于 I_i 时，扩散深度能够达到稳定状态，但是分别对比扩散曲线 S3 和 S5、S10 和 S12、S17 和 S19 发现这种稳态是不确定的，扩散深度可能演化为 1 也可能演化为 0，具有不稳定性。此时选择实施低碳技术创新策略具有一定的风险，扩散网络中潜在实施低碳技术创新的装备制造企业决策时随机选择邻居节点的策略收益进行对比，该邻居节点若恰好是已采纳且有 $\prod_{bi}$ 大于 I_i，则装备制造企业选择学习该邻居策略的概率较大，但若邻居节点是已采纳但有 $\prod_{bi}$ 小于 I_i，装备制造企业对比发现，选择放弃低碳技术创新策略的收益更多，因此，不改变策略保留放弃决策的概率更大。这是从企业层面分析此种情形下某一节点在某一次博弈中的决策具有不确定性，放大到网络中，则整个网络扩散深度的演化结果是不确定的。分别对比扩散曲线 S6 和 S7、S13 和 S14、S20 和 S21 发现，当装备制造企业原收益 $\prod_{ai}$ 水平较高但选择实施低碳技术创新策略增加的收益 $\prod_{bi}$ 小于投入 I_i 时，网络扩散依然可以达到稳定状态，但是这种稳态也不是确定的，网络最终的扩散深度可能为 1 也可能为 0。此时装备制造企业选择实施低碳技术创新的净收益为负值，经济利益驱使作用下很可能选择放弃低碳技术创新策略，直至扩散网络演化至扩散深度为 0 的稳定状态。但装备制造企业是有限理性的，较高的原收益可以弥补实施低碳技术创新策略的损失，在决策中受流行性压力和社会规范的影响很可能选择实施低碳技术创新策略，直至扩散网络演化至扩散深度为 100% 的稳定状态。

另外，从图 3 - 10、图 3 - 11 和图 3 - 12 中对相同参数设置的不同网络规模的扩散仿真结果看，除选择实施低碳技术创新策略增加的收益 $\prod_{bi}$ 和投入 I_i 相等时曲线 S8 与曲线 S1、S15 结果不尽相同外，其余参数设置下的扩散深度结果一致，可见相同的博弈假设下网络规模对扩散深度影响不大。经对比发现，规模为 50 个节点的扩散网络在博弈 10 次左右时达到均衡，规模为 200 个节点的扩散网络在博弈 20～40 次时达到均衡，规模为 500 个节点的扩散网络在博弈 50～70 次时达到均衡，由此可见，网络规模越大，低碳技术创新行为扩散的速度越慢。这是由于在小规模网络中节点间的连线相对较少，信息传递效率高。而在大规模扩散网络中信息传递效率低，且节点间在选择邻居节点进行比较、学习和决策时面临的情况更为复杂。

总体来说，中国装备制造企业选择实施低碳技术创新策略增加的收益 $\prod_{bi}$ 与投入 I_i 间的关系对低碳技术创新行为的扩散深度有显著影响，当所有装备制造企业的收益 $\prod_{bi}$ 大于投入 I_i 时，扩散深度可达 100%，若网络中部分装备制造企业选择实施低碳技术创新策略增加的收益 $\prod_{bi}$ 少于投入 I_i，网络最终的扩散深度具有不稳定性。扩散网络规模对扩散深度影响不大，但对扩散速度有显著影响。

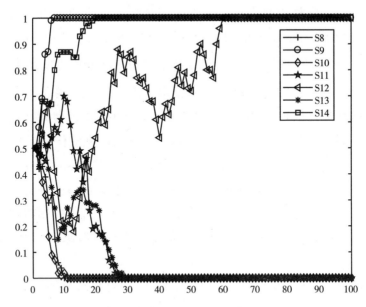

图 3－10　50 个节点无标度网络的低碳技术创新行为扩散演化结果

资料来源：自制。

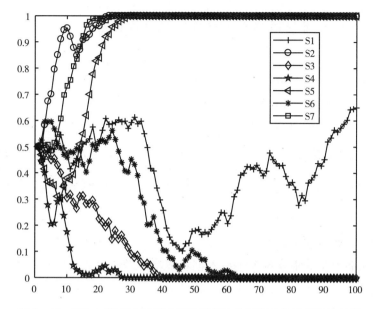

图 3-11 200 个节点无标度网络的低碳技术创新行为扩散演化结果

资料来源：自制。

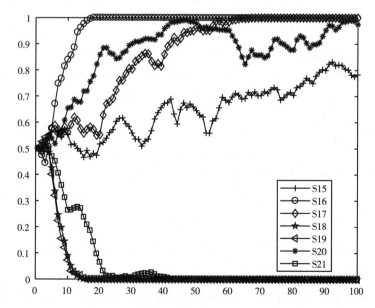

图 3-12 500 个节点无标度网络的低碳技术创新行为扩散演化结果

资料来源：自制。

3.3.3 小世界网络和无标度网络的仿真结果对比

分别以小世界网络和无标度网络为载体的中国装备制造企业低碳技术创新行为扩散结果有相同之处，装备制造企业选择实施低碳技术创新策略增加的收益与投入间的关系对扩散深度有显著影响，当装备制造企业选择实施低碳技术创新策略增加的收益 $\prod_{bi}$ 大于投入 I_i 时扩散结果都为100%，当装备制造企业选择实施低碳技术创新策略增加的收益 $\prod_{bi}$ 大于投入 I_i 时扩散结果都为0。另外，网络规模对扩散速度有显著影响，网络规模越大，扩散速度越慢。

当装备制造企业实施低碳技术创新策略的净收益不确定时，以小世界网络为载体和以无标度网络为载体的结果不同。主要体现为，当存在部分装备制造企业选择实施低碳技术创新策略增加的收益 $\prod_{bi}$ 大于投入 I_i，同时也存在部分装备制造企业选择实施低碳技术创新策略增加的收益 $\prod_{bi}$ 小于投入 I_i 时，小世界网络的演化结果是确定且唯一的，最终扩散结果为0，无标度网络的演化结果是不确定的、不唯一的，或为100%，或为0。这是因为，小世界网络中装备制造企业间的路径距离相对较短，信息在网络中的传递所经路径短，具有相对较高的完整性和准确性。也就是说，低碳技术创新行为扩散过程中的信息传播具有一定的透明性，装备制造企业基本可以做到对相关信息的理性掌握，因此，在群体中存在企业选择实施低碳技术创新策略后获得了净利润的情况下，在竞争压力和流行性压力的作用下会趋向于选择实施低碳技术创新策略，因此在小世界网络中低碳技术创新行为能够得到完全扩散。然而在无标度网络中，度分布是幂函数，即少量装备制造企业存在大量的连边与其他装备制造企业相连，而大量装备制造企业连边较少，这导致信息在网络的传播的过程中存在一定的阻碍，有些装备制造企业无法有效获得低碳技术创新的相关信息，在信息不完全性较高的情况下出于风险规避将不选择实施低碳技术创新，导致最终低碳技术创新行为扩散的失败。

无论以小世界网络为载体还是以无标度网络为载体，只有当所有装备制造企业选择实施低碳技术创新策略增加的收益大于总投入量时，网络才可最终稳定于扩散深度为 100% 的稳定状态，当存在选择实施低碳技术创新策略增加的收益少于投入的装备制造企业时，网络最终的扩散深度具有不稳定性。这种条件在现实中很难满足，因此政府有必要采取相应的激励措施。

3.4　本章小结

中国装备制造企业低碳技术创新行为扩散是指低碳技术创新行为在装备制造企业群体中的扩散。本章首先通过对装备制造企业低碳技术创新行为扩散网络的复杂特性、结构特征等的描述，设定分别以小世界网络和无标度网络为扩散载体，建立中国装备制造企业低碳技术创新行为扩散的动力机制博弈模型及网络演化规则，利用 Matlab 软件进行仿真研究，结果表明，无论以小世界网络还是无标度网络为载体，网络规模对扩散速度均有显著影响，规模越大扩散速度越慢。

第4章 复杂网络下中国装备制造企业低碳技术创新行为扩散的激励机制

4.1 中国装备制造企业低碳技术创新行为扩散的激励因子

低碳经济背景下政府为鼓励企业尽快实现低碳发展会实施一系列的政策和措施。综合目前国内外实践情形以及文献研究，本书认为较为普遍且对企业低碳技术创新行为扩散有比较深远影响的规制措施包括碳税、碳排放权交易以及创新投入补贴。

碳税是低碳经济背景下国际盛行的一种环境规制措施，受到国内外学者的广泛关注。王贺等（2013）单独研究了碳税政策对企业低碳创新的影响，尤其强调了碳税政策对企业减少碳排放量的正向作用。梅尔泽（2016）以美国为例研究了碳税对以低碳为目的的技术创新的影响作用，以及碳税对国际贸易的影响，研究结果表明，碳税是推动绿色技术创新的重要途径。弗兰克和莱斯（2018）对在新西兰实行的环境税规制措施的研究表明，环境税对新西兰环境效益的提升有比较显著的正向作用，碳税相比环境税对碳减排的作用更明显。与之相似，克里斯托福

（2018）以完全竞争市场为假设条件研究，认为碳税会降低企业产品销售量。戈文达和斯蒂芬（2018）经研究发现，碳税若与补贴政策同步实施可以缓解企业收益减少的问题，且碳税作为政府收入可暂用作补贴支出，从理论角度看，碳税和补贴政策的共同作用能够提高企业减排的积极性。

碳排放权交易最早在1997年签订的《京都议定书》中被提出，将其定义为温室气体（二氧化碳、氧化亚氮、氢氟碳化物、甲烷、全氟化物、六氟化硫）排放权的交易，由于二氧化碳占据绝大部分比例，所以简称为"碳交易"。近年来学者们对碳排放权交易的研究主要从碳排放配额分配机制、碳排放交易定价策略以及碳排放权交易产生的经济效益等方面展开研究。碳交易对社会经济的影响是多方面的，碳交易对提高能源效率有显著的促进作用，但对企业经营收益的影响是相对复杂的，不能简单说碳交易制度导致企业收益的提高或降低。碳排放交易制度是预先设定碳排放量的总额，各企业享有一定配额的碳排放量，并且可以自由交易。因采取低碳技术创新而降低碳排放量的装备制造企业可以将剩余配额转让给因采取传统技术而导致高碳排放的企业，而获得碳排放交易收益。与之相反，传统技术的装备制造企业需要通过购买配额的方式填平本企业配额缺口，直接导致企业生产成本提高而影响企业收益。

创新投入补贴是一种行为补贴，其实施是为了促进更多企业从事技术创新活动。创新投入补贴对企业创新行为的影响研究主要分为积极作用和消极作用两个派别。在积极作用研究方面，施拉格（2016）认为政府通过创新投入补贴能够调整和纠正市场机制的失灵现象，不仅能够降低企业的研发成本和风险，还能够激发企业间的创新竞争。张春辉和陈继祥对创新投入补贴与企业创新模式的关系研究表明，创新投入标准的提高会促使企业选择颠覆性创新模式。在消极作用研究方面，冈萨雷斯（2017）发现政府的创新补贴可能会产生挤出效应，企业会由于得到政府的创新投入补贴而减少企业本身的创新投入，且对政府的投入补贴产生依赖，从长远看不利于企业的可持续发展。

4.2　环境规制对装备制造企业低碳技术创新行为的激励机理分析

4.2.1　激励模型构建

将装备制造企业群体划分为两个同质的子群体，即装备制造企业群体1（个体简称企业1）和装备制造企业群体2（个体简称企业2），分别随机从两个群体中抽取企业展开博弈，在某一特定时间点，企业1和企业2分别有"实施低碳技术创新"和"放弃低碳技术创新"两个策略可供选择。在此基础上构建模型，设模型中S_{ai}表示企业$i(i=1, 2)$采用传统方式生产产品获得的常规收益；S_{bi}表示企业i实施低碳技术创新后能源利用率提高后增加的收益；I_i表示企业i实施低碳技术创新在设备、技术、人力等方面的额外投入；装备制造企业放弃低碳技术创新采用传统技术生产时的碳排放量为Q_i，实施低碳技术创新后碳排放量为Q_i'，$Q_i' < Q_i$。根据现实情境，引入环境规制相关参数，其中，a为政府对装备制造企业实施低碳技术创新的补贴系数，b为碳税强度。采用历史强度下降法计算碳配额，将采用传统技术生产时的碳排量视为历史排放量，设d为碳排放下降系数，c为碳排放交易价格，假设企业实施低碳技术创新后的碳排量小于碳配额，多余的配额量可在碳排放交易市场中全部出让，放弃低碳技术创新采用传统技术的企业碳排量大于配额量，缺少的部分可在市场中购买。由此，得到环境规制下装备制造企业间的博弈收益模型（如表4-1所示）。

表 4 - 1　　　　　环境规制下装备制造企业间低碳技术创新决策收益矩阵

博弈双方策略		装备制造企业 2	
		实施低碳技术创新	放弃低碳技术创新
装备制造企业 1	实施低碳技术创新	$S_{a1} + S_{b1} - (1-a)I_1 - bQ_1' + c(\mathrm{d}Q_1 - Q_1')$; $S_{a2} + S_{b2} - (1-a)I_2 - bQ_2' + c(\mathrm{d}Q_2 - Q_2')$	$S_{a1} + S_{b1} - (1-a)I_1 - bQ_1' + c(\mathrm{d}Q_1 - Q_1')$; $S_{a2} - bQ_2 - c(Q_2 - \mathrm{d}Q_2)$
	放弃低碳技术创新	$S_{a1} - bQ_1 - c(Q_1 - \mathrm{d}Q_1)$; $S_{a2} + S_{b2} - (1-a)I_2 - bQ_2' + c(\mathrm{d}Q_2 - Q_2')$	$S_{a1} - bQ_1 - c(Q_1 - \mathrm{d}Q_1)$; $S_{a2} - bQ_2 - c(Q_2 - \mathrm{d}Q_2)$

资料来源：自制。

4.2.2　稳定性分析

初始阶段，装备制造企业 1 选择实施低碳技术创新的概率为 x，选择放弃低碳技术创新的概率为 $(1-x)$；装备制造企业 2 选择实施低碳技术创新的概率为 y，选择放弃低碳技术创新的概率为 $(1-y)$。x、y 均为关于时间 t 的函数，有 $0 \leqslant x \leqslant 1$，$0 \leqslant y \leqslant 1$。根据表 4 - 1 中的支付矩阵，得到装备制造企业 1 选择实施低碳技术创新策略的收益为：

$$U_{E1}' = y[S_{a1} + S_{b1} - (1-a)I_1 - bQ_1' + c(\mathrm{d}Q_1 - Q_1')] + (1-y)[S_{a1} + S_{b1}$$
$$- (1-a)I_1 - bQ_1' + c(\mathrm{d}Q_1 - Q_1')]$$
$$= S_{a1} + S_{b1} - (1-a)I_1 - bQ_1' + c(\mathrm{d}Q_1 - Q_1')$$

装备制造企业 1 选择放弃低碳技术创新策略的收益为：

$$U_{S1}' = y[S_{a1} - bQ_1 - c(Q_1 - \mathrm{d}Q_1)] + (1-y)[S_{a1} - bQ_1 - c(Q_1 - \mathrm{d}Q_1)]$$
$$= S_{a1} - bQ_1 - c(Q_1 - \mathrm{d}Q_1)$$

装备制造企业 1 的平均收益为：

$$U_1' = xU_{E1}' + (1-x)U_{S1}'$$

装备制造企业 2 选择实施低碳技术创新策略的收益为：

$$U'_{E2} = x[S_{a2} + S_{b2} - (1-a)I_2 - bQ'_2 + c(\mathrm{d}Q_2 - Q'_2)] + (1-x)[S_{a2} + S_{b2}$$
$$- (1-a)I_2 - bQ'_2 + c(\mathrm{d}Q_2 - Q'_2)]$$
$$= S_{a2} + S_{b2} - (1-a)I_2 - bQ'_2 + c(\mathrm{d}Q_2 - Q'_2)$$

同理，装备制造企业 2 选择放弃低碳技术创新策略的收益为：

$$U'_{S2} = x[S_{a2} - bQ_2 - c(Q_2 - \mathrm{d}Q_2)] + (1-x)[S_{a2} - bQ_2 - c(Q_2 - \mathrm{d}Q_2)]$$
$$= S_{a2} - bQ_2 - c(Q_2 - \mathrm{d}Q_2)$$

装备制造企业 2 的平均收益为：

$$U'_2 = xU'_{E2} + (1-x)U'_{S2}$$

由此可知，演化的动态复制方程组为：

$$\begin{cases} \mathrm{d}x/\mathrm{d}t = x(1-x)[S_{b1} - (1-a)I_1 + b(Q_1 - Q'_1) + c(Q_1 - Q'_1)] \\ \mathrm{d}y/\mathrm{d}t = y(1-y)[S_{b2} - (1-a)I_2 + b(Q_2 - Q'_2) + c(Q_2 - Q'_2)] \end{cases}$$

由博弈双方构成的系统同样存在四个局部稳定点，即 (0,0)，(0,1)，(1,0)，(1,1)。构建雅克比矩阵 J 得到：

$$\begin{bmatrix} (1-2x)[S_{b1} - (1-a)I_1 + b(Q_1 - Q'_1) + c(Q_1 - Q'_1)] & 0 \\ 0 & (1-2y)[S_{b2} - (1-a)I_2 + b(Q_2 - Q'_2) + c(Q_2 - Q'_2)] \end{bmatrix}$$

矩阵 J 的行列式为：

$$DETJ = (1-2x)[S_{b1} - (1-a)I_1 + b(Q_1 - Q'_1) + c(Q_1 - Q'_1)](1-2y)$$
$$[S_{b2} - (1-a)I_2 + b(Q_2 - Q'_2) + c(Q_2 - Q'_2)]$$

矩阵 J 的迹为：

$$TRJ = (1-2x)[S_{b1} - (1-a)I_1 + b(Q_1 - Q'_1) + c(Q_1 - Q'_1)] + (1-2y)$$
$$[S_{b2} - (1-a)I_2 + b(Q_2 - Q'_2) + c(Q_2 - Q'_2)]$$

通过判断矩阵 J 的局部稳定点来分析双方装备制造企业的演化稳定策略，可知 $S_{bi} + b(Q_i - Q'_i) + c(Q_i - Q'_i)$ 与 $(1-a)I_i$ 之间的关系决定了装备制造企业最终策略的选择。为了方便表述，假设 $R_i = S_{bi} + b(Q_i -$

Q_i') $+ c(Q_i - Q_i')$,表示企业实施低碳技术创新策略的全部收益增量,包含能源利用率提高带来的效益、节约的碳税和碳排放交易收益三部分;$(1-a)I_i$ 则解释为实施低碳技术创新策略的实际投入成本。当 a、b、c 取值不为 0 时,表示装备制造企业选择实施和放弃低碳技术创新策略时的收益不仅包含了在市场竞争中的收益差,还包括在环境规制作用下的净收益,即政府给予的投入补贴以及碳税和碳交易制度下的收益差额。根据雅克比矩阵局部稳定分析法,对上述演化博弈进行稳定分析,得到以下结论:

结论 1:当 $R_1 < (1-a)I_1$ 且 $R_2 < (1-a)I_2$ 时,$(x,y) = (0,0)$ 是演化稳定点,表示随着时间的推移,博弈双方企业最终都会选择放弃低碳技术创新,如表 4-2 所示。这是由于在这种情况下,双方装备制造企业选择实施低碳技术创新策略会导致利润的降低,甚至出现负利润,在经济利益的驱使下,即使初始状态时装备制造企业有选择实施低碳技术创新策略的倾向,随着进一步的比较和学习也会选择放弃低碳技术创新,最终会形成双方都放弃低碳技术创新的局面,此时,环境规制未能发挥有效的激励作用,不能推动中国装备制造业企业低碳技术创新行为的有效扩散。

表 4-2 $R_1 < (1-a)I_1$ 且 $R_2 < (1-a)I_2$ 时稳定性分析

(x,y)	$DetJ$	TrJ	结果
$(0,0)$	+	−	ESS
$(0,1)$	−	不定	鞍点
$(1,0)$	−	不定	鞍点
$(1,1)$	+	+	不稳定点

资料来源:自制。

结论 2:当 $R_1 < (1-a)I_1$ 且 $R_2 > (1-a)I_2$ 时,$(x,y) = (0,1)$ 是演化稳定点,装备制造企业 1 最终会选择放弃低碳技术创新策略而装备制造企业 2 会选择实施低碳技术创新策略,如表 4-3 所示。在这种情况下,装备制造企业 2 实施低碳技术创新能够获得更多的利润,即使初始状态装备制造企业 2 不愿选择实施低碳技术创新,但经过与装备制造企业 1 的博弈,发现实施低碳技术创新会带来竞争优势，最终会选择实施低碳技术创新策略。但装备制造企业 1 实施低碳技术创新的净利润为负值，相对收益会比装备制造企业 2 小，选择实施低碳技术创新策略会降低企业的竞争优势，所以随着时间的推移，装备制造企业 1 会放弃低碳技术创新。这种情形说明环境规制能对一部分装备制造企业起到了激励作用，能够在一定程度上推动低碳技术创新行为的扩散。

表 4-3　　　　　$R_1 < (1-a)I_1$ 且 $R_2 > (1-a)I_2$ 时稳定性分析

(x,y)	$DetJ$	TrJ	结果
$(0,0)$	−	不定	鞍点
$(0,1)$	+	−	ESS
$(1,0)$	+	+	不稳定点
$(1,1)$	−	不定	鞍点

资料来源：自制。

结论 3： 当 $R_1 > (1-a)I_1$ 且 $R_2 < (1-a)I_2$ 时，$(x,y) = (1,0)$ 是演化稳定点，装备制造企业 1 最终会选择实施低碳技术创新策略但装备制造企业 2 会选择放弃，如表 4-4 所示。此时装备制造企业 1 在环境规制作用下实施低碳技术创新能获得更多的竞争利润，而装备制造企业 2 选择实施低碳技术创新会导致利润降低。因此，随着双方的竞争和博弈，装备制造企业 1 最终会选择实施低碳技术创新策略，而装备制造企业 2 会选择放弃。与结论 2 的情形相似，在这种情况下环境规制对一部分装备制造企业实施低碳技术创新起到了激励作用，也能在一定程度上促进低碳技术创新行为的扩散。

表 4-4　　　　　$R_1 > (1-a)I_1$ 且 $R_2 < (1-a)I_2$ 时稳定性分析

(x,y)	$DetJ$	TrJ	结果
$(0,0)$	−	不定	鞍点
$(0,1)$	+	+（不定）	不稳定点
$(1,0)$	+	−	ESS
$(1,1)$	−（+）	不定	鞍点

资料来源：自制。

结论4：当 $R_1 > (1-a)I_1$ 且 $R_2 > (1-a)I_2$ 时，$(x, y) = (1, 1)$ 是演化稳定点，双方装备制造企业最终都会选择实施低碳技术创新策略，如表4-5所示。在环境规制作用下装备制造企业1和装备制造企业2在实施低碳技术创新策略后都能够获得更高的竞争收益，所以双方都愿意实施低碳技术创新，达成促进低碳技术创新行为完全扩散的"理想状态"。此种情况下，政府对企业实施低碳技术创新投入的补贴能够降低企业的实际投入成本，通过碳税和碳排放配额直接限制企业的碳排放量，且利用碳排放权的交易激励企业实施碳减排，促进企业实施低碳技术创新，能够有效推进低碳技术创新行为在装备制造业企业中的扩散。

表4-5　　　　$R_1 > (1-a)I_1$ 且 $R_2 > (1-a)I_2$ 时稳定性分析

(x, y)	$DetJ$	TrJ	结果
$(0, 0)$	+	+	不稳定点
$(0, 1)$	−	−（不定）	鞍点
$(1, 0)$	−	−（不定）	鞍点
$(1, 1)$	+	−	ESS

资料来源：自制。

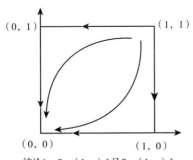

结论1：$R_1 < (1-a)I_1$ 且 $R_2 < (1-a)I_2$
结论4：$R_1 > (1-a)I_1$ 且 $R_2 > (1-a)I_2$

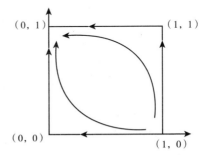

结论2：$R_1 < (1-a)I_1$ 且 $R_2 > (1-a)I_2$
结论3：$R_1 > (1-a)I_1$ 且 $R_2 < (1-a)I_2$

图4-1　演化相位

资料来源：自制。

四种结论的演化相位图如图 4 - 1 所示。从上述分析中可以看出，增大低碳技术补贴系数 a、加大碳税强度 b 和提高碳排放权交易价格 c 都使博弈系统更易于向双方企业均选择实施低碳技术创新的"理想状态"演化，在满足一定条件时，环境规制通过"无形"和"有形"两只手的共同作用能够有效加速驱动低碳技术创新行为的扩散。

4.3 激励机制的仿真与分析

4.3.1 网络的演化规则

现实情境中，制造企业随机选择网络中某个邻居进行收益比较，并在博弈过程中累计收益，以两者收益差的某函数为概率进行策略转换，由于企业博弈策略的选择存在非理性情况，为更符合现实情境，本书的复杂网络上博弈策略更新规则采用费米规则。即制造企业在网络载体上的低碳技术扩散演化博弈过程中可根据动态收益情况进行策略学习和更新，更新规则为随机从邻居中选取主体，以概率 W 进行博弈策略模仿学习：

$$W_{S_i \leftarrow S_j} = \frac{1}{1 + \exp\left[(U_i - U_j)/k \right]}$$

式中，U_i、U_j 分别表示博弈主体双方的本轮收益，S_i、S_j 表示博弈主体双方的本轮策略。参数 k 描述环境噪声因素，刻画博弈主体的非理性选择，即当采取不同策略的收益低于对方企业时，本企业仍不变换策略的概率。k 值越接近 0 表示个体选择越理性，策略更新严格依据收益比较；k 值趋近于无穷大时表示个体处于噪声环境中，无法做出理性决策，只能随机更新自己的策略。

引入断边重连机制，在博弈过程中每进行一次收益比较，主体间进行一次断边重连，借鉴王旭文的研究成果，采用第二类重连网络中的非线性正偏好连边，即每一步时长从网络中以节点度的正指数次幂概率选择节点，随机断开该节点的一个邻居节点，之后再以节点度正指数次幂为偏好选择节点连接。这样，度越大的节点越容易得到新连接，符合现实情境网络中规模越庞大、地位越重要的制造企业越易于与其他企业形成联结，发生策略博弈。

博弈步骤如下：

（1）在 $t=0$ 时刻，建立一定数目制造企业网络 $G(V,E)$，策略随机分配给网络中的企业节点，赋值初始化参数。

（2）在 $t=1$ 时刻，进行第一次博弈，网络中制造企业随机选择邻居企业进行收益比较，若收益大于或等于相比较的企业收益，则在下一轮博弈中该主体不改变策略；若收益小于相比较的企业收益，则以概率 $W_{S_i \leftarrow S_j}$ 学习对方策略，若策略相同则不改变。

（3）在 $t=2$ 时刻，以非线性正偏好断边重连机制进行节点间断边重连。

根据前文建立的环境规制下博弈模型进行仿真，通过改变各参数的数值来探究各参数变化对基于小世界网络的制造企业低碳技术扩散的影响特征，每组参数测试 100 次，取扩散深度的平均值，对比观察扩散程度和扩散速度的变化情况。

4.3.2 小世界网络下环境规制的激励机制仿真与分析

探讨补贴、碳税和碳排放交易三方面环境规制措施对中国装备制造企业低碳技术创新扩散的激励作用，设定 $S_{a1}=3$，$S_{b1}=2$，$I_1=3$，$S_{a2}=2$，$S_{b2}=1$，$I_2=2$，在此基础上设置环境规制参数 $Q_1=4$，$Q_1'=1$，$Q_2=3.5$，$Q_2'=1.5$，分别以 50 节点、200 节点和 500 节点的小世界网络为载体利用 Matlab 仿真分析中国装备制造企业低碳技术创新行为扩散结果。

1. 碳税对扩散的影响

在上述参数设置下，固定补贴系数 $a = 0.1$ 和碳排放交易费用 $F = 0.3$，变化碳税强度依次取值 0.1、0.15、0.2、0.25 和 0.3，考察 50 节点、200 节点和 500 节点网络规模的小世界网络中低碳技术创新行为扩散情况，如图 4-2 至图 4-4 所示。观察可知，在 50 节点网络中，当碳税强度为 0.1 时低碳技术创新行为扩散深度为 0，当碳税强度取值为 0.15、0.2、0.25 和 0.3 时的扩散深度均可达到了 100%；在 200 节点和 500 节点网络中，当碳税强度取值为 0.1 和 0.15 时扩散深度为 0，当碳税强度取值为 0.25 和 0.3 时扩散深度能够达到 100%。而当碳税强度取值为 0.2 时，200 节点的小世界网络低碳技术创新行为扩散虽未在 100 步内达到稳定状态，但仍呈现扩散深度逐渐增加的趋势，500 节点网络的扩散情况呈现不稳定波动状态。由此可知，中国装备制造企业低碳技术创新行为扩散深度随着碳税强

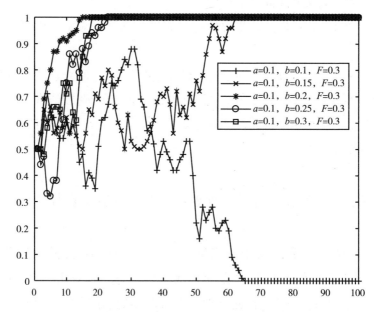

图 4-2　50 节点规模小世界网络中碳税强度对扩散的影响

资料来源：自制。

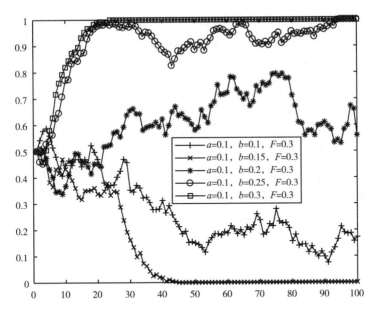

图4-3　200节点规模小世界网络中碳税强度对扩散的影响

资料来源：自制。

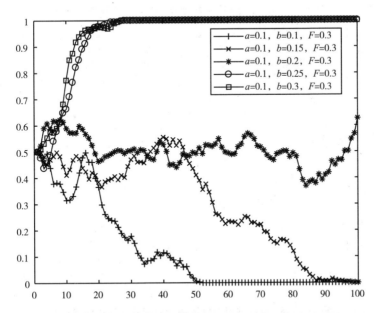

图4-4　500节点规模小世界网络中碳税强度对扩散的影响

资料来源：自制。

度的提高而增大，其他条件不变当碳税强度达到一定阈值时可实现全网扩散，网络规模越大实现扩散需要的碳税阈值越高，网络规模越小扩散趋势对碳税强度越敏感。

2. 补贴对扩散的影响

固定碳税强度 $b = 0.1$ 和碳排放交易费用 $F = 0.3$，变化补贴系数，依次取值 0.1、0.2、0.3、0.4 和 0.5，考察 50 节点、200 节点和 500 节点网络规模的小世界网络中低碳技术创新行为扩散情况，如图 4-5 至图 4-7 所示。观察可知，在 50 节点小世界网络中，当补贴系数为 0.1 和 0.2 时扩散深度为 0；当补贴系数为 0.3、0.4 和 0.5 时扩散深度均为 100%。在 200 节点和 500 节点的小世界网络中，当补贴系数为 0.1 时扩散深度为 0；补贴系数为 0.2 时，扩散结果呈现在波动中深度逐渐增大的趋势，在扩散速度方面 200 节点规模网络明显快于 500 节点规模网络；当补贴系数增加至 0.3 时，两种规模网络的扩散最终深度都能够达到 100%，

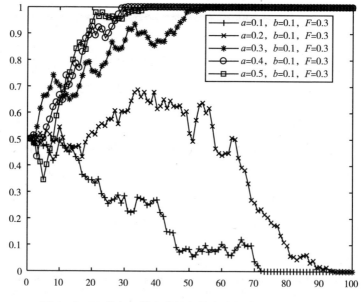

图 4-5 50 节点规模小世界网络中碳补贴对扩散的影响

资料来源：自制。

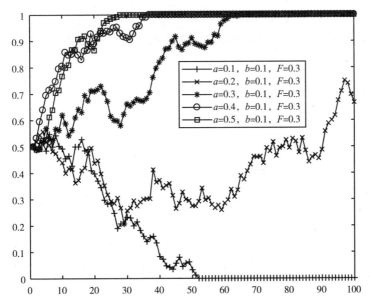

图 4 - 6　200 节点规模小世界网络中碳补贴对扩散的影响

资料来源：自制。

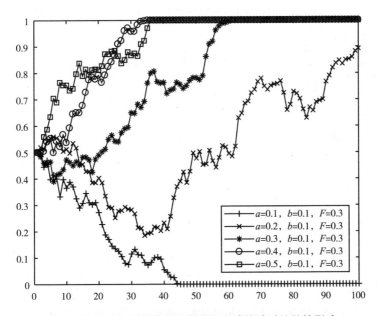

图 4 - 7　500 节点规模小世界网络中碳补贴对扩散的影响

资料来源：自制。

且随着补贴系数的增大扩散速度也逐渐加快。由此可知，以小世界网络为载体，装备制造企业低碳技术创新行为扩散深度随补贴系数的提高逐渐加大，其他条件不变当补贴力度达到一定阈值时可促进全网扩散，网络规模越大实现扩散需要的补贴力度越大，系统网络规模越大扩散趋势对补贴系数越敏感。

3. 碳排放交易费用对扩散的影响

固定碳税强度 $b=0.1$ 和补贴系数 $a=0.1$，变化碳排放交易费用，依次取值 0、0.3、0.6、0.9 和 1.2，考察 50 节点、200 节点和 500 节点网络规模的小世界网络中低碳技术扩散情况，如图 4-8 至图 4-10 所示。观察可知，在三种规模的小世界网络中，当碳排放交易费用设置为 0 和 0.3 时，扩散深度为 0，当碳排放交易费用增加至 0.6 及以上时，50 节点规模网络的扩散深度优先达到 100% 的稳定状态，200 节点和 500 节点规模的小世界网络的扩散深度也逐步增大，分别在碳排放交易费用达到 0.6 和 0.9 时演

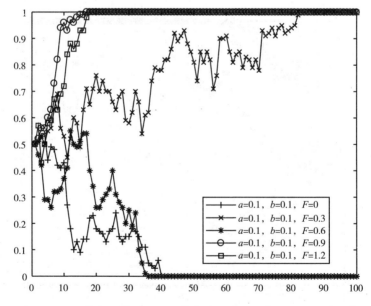

图 4-8　50 节点规模小世界网络中碳排放交易费用对扩散的影响

资料来源：自制。

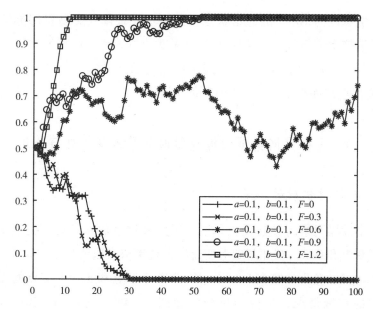

图 4 - 9　200 节点规模小世界网络中碳排放交易费用对扩散的影响

资料来源：自制。

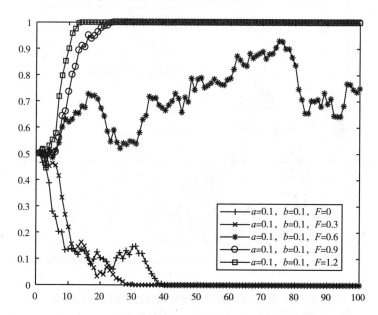

图 4 - 10　500 节点规模小世界网络中碳排放交易费用对扩散的影响

资料来源：自制。

化至扩散深度为100%的稳定状态。说明增大碳排放交易费用能够有效驱动低碳技术创新行为在全网扩散的深度，当达到一定阈值时可使扩散深度达到100%，网络规模越大需要的碳排放交易费用阈值越高，网络规模越小扩散趋势对碳交易费用变化越敏感。

4.3.3 无标度网络下环境规制的激励机制仿真与分析

1. 碳税对扩散的影响

与小世界网络的参数设置相同，固定补贴系数 a 和惩罚力度 F，分别取值0.1和0.3，在此基础上变化碳税税率依次取值0.1、0.15、0.2、0.25和0.3，分别考察在50个节点、200个节点和500个节点的无标度网络中的扩散情况，扩散结果分别如图4-11、图4-12和图4-13所示。

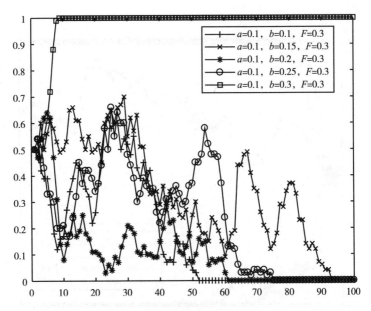

图4-11 50节点无标度网络中碳税对扩散结果的影响

资料来源：自制。

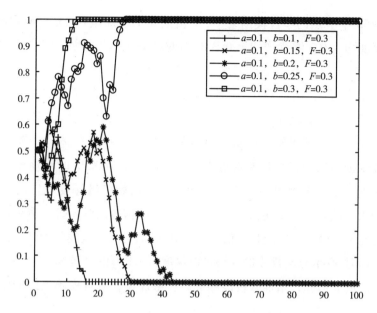

图4-12　200节点无标度网络中碳税对扩散结果的影响

资料来源：自制。

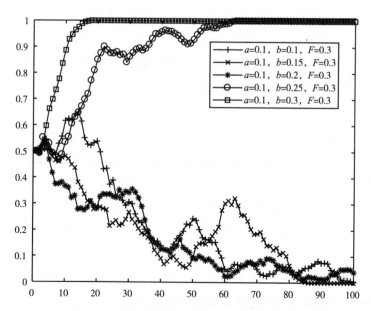

图4-13　500节点无标度网络中碳税对扩散结果的影响

资料来源：自制。

在 50 个节点的小规模网络中，b 值从 0.1 增加至 0.25，网络最终的扩散深度均为 0，继续增加至 0.3 时，网络演化至扩散深度为 1 的稳态；在 200 个节点和 500 个节点网络中，b 取值从 0.1、0.15 和 0.2 时网络的扩散深度均为 0，增加至 0.25 时，网络演化至扩散深度为 1 的稳态，继续增加至 0.3 时，网络依然演化至扩散深度为 1 的稳定状态且扩散速度有明显提高。由此可知，以这三种规模的网络为扩散载体，提高碳税对低碳技术创新行为扩散均有促进作用。碳税设定为 0.25 时小规模网络的扩散深度与中、大规模网络不同可能因为在初始扩散深度既定时，网络规模越大初始状态已实施低碳技术创新的企业越多，对装备制造企业施加的流行性压力越大，因此将 b 值增加到 0.25 时对大中规模的网络扩散深度较大，但对 50 节点小规模的网络扩散深度虽有影响但不至提升至完全扩散的水平。由此可知，增加碳税能够提高扩散深度，且规模越大的网络对碳税越敏感。

2. 碳补贴对扩散的影响

固定碳税税率 b 和惩罚力度 F，分别取值 0.1 和 0.3，在此基础上变化补贴系数，依次取值 0.1、0.2、0.3、0.4 和 0.5，分别考察在 50 个节点、200 个节点和 500 个节点的无标度网络中低碳技术创新行为扩散情况，扩散结果分别如图 4 - 14、图 4 - 15 和图 4 - 16 所示。

观察可知，加大补贴力度能够提高低碳技术创新行为的扩散深度，规模越小的网络对补贴力度越敏感。在 50 个节点的小规模无标度网络中，补贴系数为 0.1 和 0.2 时网络最终的扩散深度均为 0，将补贴系数提高到 0.3 时网络能演化至扩散深度为 100% 的稳态，继续提高至 0.4 和 0.5 时，网络最终的扩散深度仍为 100%；在 200 个节点的网络中，补贴系数为 0.1、0.2 和 0.3 时，网络最终的扩散深度均为 0，补贴系数增至 0.4 时，网络能演化至扩散深度为 100% 的稳态，继续增加至 0.5 时，网络最终的扩散深度仍为 100% 且扩散速度明显加快；在 500 个节点的大规模网络中，补贴系数取值 0.1 和 0.2 时网络的扩散深度为 0，增至 0.3 时扩散曲线呈现不断波动没有均衡的状态，继续增加至 0.4 时网络演化至扩散深度为 100% 的稳态，增至 0.5 时网络的扩散深度仍为 100%，但扩散速度并无明显变化。

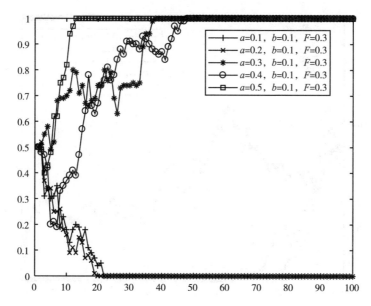

图 4 – 14　50 节点无标度网络中碳补贴对扩散结果的影响

资料来源：自制。

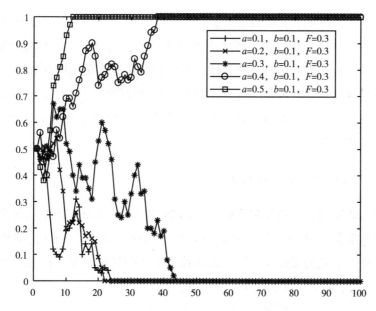

图 4 – 15　200 节点无标度网络中碳补贴对扩散结果的影响

资料来源：自制。

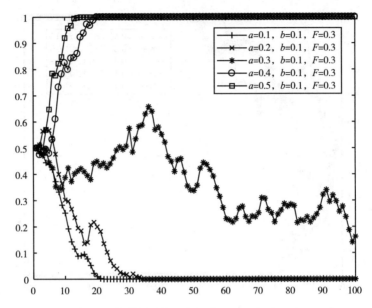

图 4 - 16　500 节点无标度网络中碳补贴对扩散结果的影响

资料来源：自制。

　　由此可见，加大补贴力度对提高低碳技术创新行为扩散深度有显著的促进作用，且小规模网络对增大补贴力度的反应比中、大规模网络更敏感。此外，在小规模网络中随着补贴力度的变化演化至相同扩散深度稳态的曲线呈现扎堆甚至重合的现象，因此在小规模网络中政府实施投入补贴政策时只需将补贴力度设置在可促进扩散深度演化至 1 的最低阈值即可，无须过多投入补贴。

3. 惩罚力度对扩散的影响

　　固定碳税税率 b 和补贴系数 a，分别取值 0.1，在此基础上变化罚款力度，依次取值 0、0.3、0.6、0.9 和 1.2，分别考察在 50 个节点、200 个节点和 500 个节点的无标度网络中低碳技术创新的扩散情况，扩散结果分别如图 4 - 17、图 4 - 18 和图 4 - 19 所示。

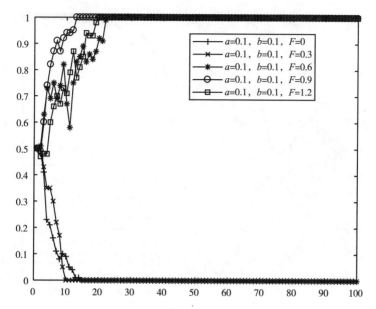

图 4 - 17 50 节点无标度网络中惩罚力度对扩散结果的影响

资料来源：自制。

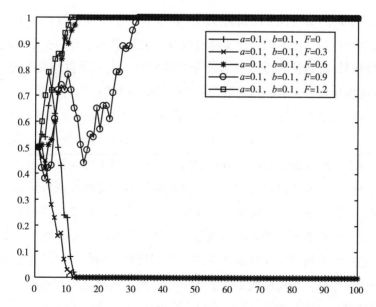

图 4 - 18 200 节点无标度网络中惩罚力度对扩散结果的影响

资料来源：自制。

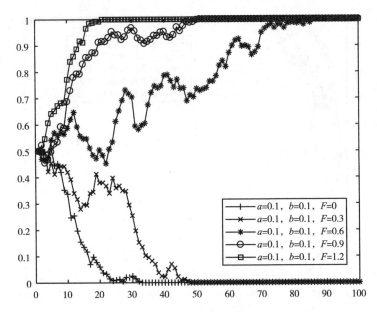

图 4 - 19　500 节点无标度网络中惩罚力度对扩散结果的影响

资料来源：自制。

　　观察不同网络规模下惩罚力度对中国装备制造企业低碳技术创新行为扩散的影响可知，加大惩罚力度能够提高低碳技术创新行为扩散深度，不同规模的网络对罚款力度的敏感性无明显差异。在三种网络规模条件下，惩罚力度为 0 和 0.3 时，网络最终的扩散深度均为 0；惩罚力度增加到 0.6 时，网络可演化至扩散深度为 100% 的稳态；继续提高则至 0.9 和 1.2 时，网络仍演化至扩散深度为 100% 的稳态，且演化速度逐渐加快。由此可知，提高选择不实施低碳技术创新策略的惩罚力度有利于低碳技术创新行为扩散。这是由于随着惩罚力度的增大，企业选择实施策略与选择放弃策略相比缴纳的罚款额减少，也可视为选择实施低碳技术创新策略获得的竞争性收益增大，对企业实施低碳技术创新行为策略的推动作用越强。此外，惩罚力度相同时不同网络规模条件下的扩散结果是相同的，只是在扩散速度方面有些许差异，小规模网络的扩散速度最快，其次是中规模网络，大规模网络最慢。

4.3.4　不同网络结构下的激励机制对比与分析

在环境规制作用下，观察以不同规模的小世界网络和无标度网络为载体的中国装备制造企业低碳技术创新行为扩散仿真结果发现，提高碳税税率、碳补贴力度和惩罚力度均对促进低碳技术创新行为在中国装备制造企业群体中的扩散有正向作用，且需要将激励措施的实施力度提高到一定的水平，才能达到扩散深度为100%的理想稳定状态。

不同规模的小世界网络和无标度网络对碳税税率变化的敏感度不同。以小世界网络为演化载体时，网络规模越小对碳税税率的变化越敏感。在50节点小世界网络中，当碳税税率水平提高到0.15时，低碳技术创新行为在中国装备制造企业中即可得到完全扩散，在200节点和500节点的小世界网络中，需要提高到0.25的水平才能促使扩散深度达到100%。而以无标度网络为载体时，网络规模越大对碳税税率的变化越敏感。在50节点的无标度网络中，碳税税率水平达到0.3时扩散深度才达100%，在200节点和500节点的无标度网络中，碳税税率水平达0.25时才能达成完全扩散。

不同规模的小世界网络和无标度网络对碳补贴力度的敏感度不同。小世界网络载体的演化过程随着网络规模的变化演化结果虽稍有不同，但在三种规模的小世界网络中，都在碳补贴系数增加到0.3时达到完全扩散的稳定状态。而以无标度网络为载体时，在50节点的无标度网络中，补贴系数增加到0.3时网络演化至扩散深度达100%的稳定状态，在200节点和500节点的无标度网络中，补贴系数增加到0.2时即促使扩散深度达100%。另外，50节点的无标度网络与50节点的小世界网络在碳补贴力度不同时演化曲线存在很大的差异，前者的演化曲线出现了密集扎堆的现象，而后者相对比较分散。

以小世界网络和无标度网络为载体仿真的惩罚力度变化对扩散的影响结果不同。在50节点的小世界网络和50节点的无标度网络中，惩罚力度达到0.6时都能促使网络扩散深度达到100%，但是无标度网络的演化曲线出现了扎堆现象，且在第20步以前就达到了平衡状态，而小世界网络的扩散曲线相对较分散，说明 50 节点的无标度网络相比小世界网络的演化对惩罚力度的变化更敏感。另外，200 节点和 500 节点的小世界网络中惩罚力度增加到 0.9 时，网络得以演化至扩散深度为 100% 的稳定状态，而在相同规模的无标度网络中，惩罚力度增加至 0.6 即可使网络演化至扩散深度为 100% 的状态。说明以较大规模的无标度网络为载体的扩散相比同规模的小世界网络，对惩罚力度的敏感性更强。

实施碳税、投入补贴和惩罚措施是促进中国装备制造企业低碳技术创新行为扩散的有效激励手段，且在一定范围内提高碳税税率、加大投入补贴力度和惩罚力度对扩散网络演化至扩散深度为 100% 的稳定状态有显著的推动作用。加大投入补贴力度是减少企业选择实施低碳技术创新策略成本投入的正向激励措施，而提高碳税税率和对选择放弃低碳技术创新企业的惩罚力度作为负向激励措施，能够给选择实施策略的企业带来减排的竞争优势，带动整个网络的企业进入节能减排的良性循环。

当现实中由装备制造企业组成的网络更符合小世界特征时，小规模的网络对碳税税率和惩罚力度变化更敏感，大规模的网络对碳补贴力度的变化更敏感。因此，在针对具有小世界网络特征的装备制造企业网络实施规制措施时，在初期应该以实行收缴碳税以及对放弃低碳技术创新的企业进行罚款等措施为主，随着扩散网络规模的扩大，再对装备制造企业采取补贴措施。

当现实中由装备制造企业组成的网络更符合无标度网络特征时，规模越大的网络对碳税税率的敏感性越强，相反，规模越小的网络对投入补贴力度的敏感性越大，而不同规模的网络对罚款力度的敏感性无明显差异。因此，在扩散初期，政府针对小规模网络实行投入补贴政策效果显著，随扩散网络规模的扩大，投入补贴政策的成本逐渐增大但效果减弱，此时应实施碳税并适当提高碳税税率。此外，由于惩罚规制措施的成本较低且对不同规模的扩散网络均有显著的推动效果，适宜在整个推动过程中广泛实施。

4.4　本章小结

　　本章首先通过对制造企业低碳技术创新扩散网络的复杂特性、结构特征等的描述，设定分别以小世界网络和无标度网络为扩散载体，建立政府规制下制造企业间的博弈模型及网络演化规则，利用 Matlab 软件进行仿真研究，结果表明：实施碳税、投入补贴和惩罚措施三种规制手段均能有效提高两种网络结构下的低碳技术创新观点和信息的扩散深度；在符合小世界网络特征的装备制造企业行为扩散网络中，网络规模越小，实施碳税和惩罚措施的推动作用越强，而网络规模越大，补贴措施的促进作用越大；在符合无标度网络特征的装备制造企业行为扩散网络中，网络规模越大，碳税的推动作用越显著，相反，规模越小的网络对补贴力度的敏感性越强，而不同规模的网络对罚款力度的敏感性无明显差异。

第5章 复杂网络下中国装备制造企业低碳技术创新行为扩散的评价与调节机制

5.1 中国装备制造企业低碳技术创新行为扩散效果评价机制

5.1.1 评价指标体系构建

评价指标体系的构建是评价研究的重要内容，目前学术界对装备制造企业结合现有研究和前文研究，认为装备制造企业低碳技术创新行为扩散效果的基本手段是科技进步和科技投入，基本目标是在企业发展过程中节约能源和减少碳排放量，总体目标是实现企业经济效益和环境效益的协调发展，因此装备制造企业低碳技术创新行为扩散效果评价体系包含科技、能源、碳排、经济和环境五个部分。综上，按照客观性、科学性和可行性的原则构建基于经济效益、科技投入、能源消耗、碳排测度和环境压力的装备制造企业低碳技术创新行为扩散效果五维评价体系，按照分层构造的原理，设定一级指标分别为：经济效益、科技投入、能源消耗、碳排测度和环境压力。经济效益指标主要反映装备制造企业的总体经济创造能力，侧重对装备制造企业在现行经济体制下发展状况的考察。能源消耗、碳排测度和环境压力三项指标是装备制造企业发展过程中与外部环境进行"碳流通"的主要因素，重点考察装备制造企业创新发展的碳测度指标。科技投入指标作为创新衡量的关键，对提高企业整体能源效率、降低单位二氧化碳排放水平，以及回收和再利用生产过程中的废弃物等方面均具有显而易见的作用，因此在体系引入科技指标，衡量装备制造企业低碳技术创新过程中科技投入的数量和质量。

体系中二级指标的设定在现行统计系统可获取和计算的前提下严格按照系统性和可操作性的原则设定，指标设定如下。

（1）经济效益：通过装备制造企业产值增加值 A1（与上一年比较）、装备制造企业人均产值增加值 A2、装备制造企业人均利润增加值 A3 等指标，从规模、效益两方面衡量装备制造企业经济产出水平。

（2）科技投入：参照国际上通用的衡量科技投入能力标准，选用 R&D 活动经费支出 A4、R&D 活动人员全时当量 A5、R&D 经费投入强度 A6 考察装备制造企业创新投入的数量和质量（R&D 经费投入强度 = R&D 活动经费支出/装备制造业总产值）。

（3）能源消耗：选择单位产值煤炭消耗 A7、单位产值石油消耗 A8、单位产值天然气消耗 A9 三种主要一次能源的单位产值消耗指标，衡量装备制造企业低碳技术创新行为扩散效果的能源利用水平。

（4）碳排测度：通过装备制造企业整体二氧化碳排放总量 A10、二氧化碳排放强度 A11、单位能源二氧化碳排放比 A12 等指标，从排放总量、单位产值排放量、单位能耗排放量三个角度衡量装备制造企业的碳排放情况（二氧化碳排放总量的计算在下文给出，能耗总量按万吨标准煤折算）。

（5）环境压力：选择工业废水排放量 A13、工业废气排放量 A14、工业固体废弃物排放量 A15，衡量装备制造企业低碳技术创新行为扩散效果发展过程中产生的环境成本。除环境类指标统计口径为工业企业外，其余指标均以大中型装备制造企业为统计口径，评价指标体系如表 5 - 1 所示。

表 5 - 1　装备制造企业低碳技术创新行为扩散效果评价指标体系

一级指标	二级指标	单位	指标性质
经济效益	企业产值增加值（A_1）	亿元	效益型
	企业人均产值增加值（A_2）	亿元/万人	效益型
	企业人均利润增加值（A_3）	亿元/万人	效益型
科技投入	R&D 活动经费支出（A_4）	亿元	效益型
	R&D 活动人员全时当量（A_5）	万人年	效益型
	R&D 经费投入强度（A_6）	‰	效益型
能源消耗	单位产值煤炭消耗（A_7）	万吨/亿元	成本型
	单位产值石油消耗（A_8）	万吨/亿元	成本型
	单位产值天然气消耗（A_9）	万立方米/亿元	成本型
碳排测度	二氧化碳排放量（A_{10}）	万吨	成本型
	二氧化碳排放强度（A_{11}）	万吨/亿元	成本型
	单位能源二氧化碳排放比（A_{12}）	%	成本型
环境压力	工业废水排放量（A_{13}）	万吨	成本型
	工业废气排放量（A_{14}）	亿立方米	成本型
	工业固体废物排放量（A_{15}）	万吨	成本型

资料来源：自制。

指标体系中装备制造企业总体二氧化碳排放总量的计算参照 IPCC 组织 2006 年制定的《国家温室气体清单指南》中给出的计算公式：

$$CO_2 = \sum_{}^{3} E_i \times NCV_i \times CEF_i \times COF_i \times 44/12 \qquad (5-1)$$

由于装备制造企业总体二氧化碳排放主要来源于化石燃料的燃烧，故式中采用煤炭、石油和天然气三种主要能源燃烧产生的二氧化碳之和计算装备制造企业总体二氧化碳排放总量，其中，E_i 为每种能源的年消耗量（需折算成标准煤），NCV_i 为每种能源的平均低位发热量，CEF_i 为每种能源燃烧的碳排放系数，COF_i 为每种能源的碳氧化因子（也称为碳完全燃烧比例）。利用公式（5-1）并参照《清单指南》和陈诗一研究中计算出的相关数据（如表5-2所示），可计算制造企业总体各年二氧化碳排放总量，计算结果见实证部分。

表 5-2   二氧化碳排放计算参数

能源	能源平均低位发热量	碳排放系数	碳氧化因子	能源折算标准煤参考系数
煤炭	20908（千焦/千克）	26.0（千克/10^6千焦）	0.99	0.7143（千克标准煤/千克）
石油	41816（千焦/千克）	20.0（千克/10^6千焦）	1.00	1.4286（千克标准煤/千克）
天然气	38931（千焦/立方米）	15.3（千克/10^6千焦）	1.00	1.3300（千克标准煤/立方米）

资料来源：自制。

5.1.2 评价模型构建

结合上述评价体系，本书采用熵权法对指标体系进行赋权，并构建基于马尔可夫链的四元集对分析模型对装备制造企业低碳技术创新行为扩散效果评价进行测度，指标赋权和评价模型构建如下。

1. 熵权法确定权重

指标的赋权是评价研究的重要内容，合适的赋权方法可以有效反映数据本身的动态信息，增加评价指标的说服力。本书采用熵权法对指标体系进行赋权。信息论中指出，熵是系统混乱程度的标度，系统的无序程度正向反映其信息量的大小。若评价指标的信息熵越大，该指标携带的评价信息集在评价中的作用越大，权重也应该越高。用熵权法计算得出指标权重，具有操作简便、应用成熟的特点，可以有效反映客观数据的变化，避免赋权过程中的主观效应。熵权法确定权重的步骤如下。

（1）评价指标值标准化。设评价样本集的评价对象和评价指标数目分别 m 和 n，$x^*(i,j)$ 为第 i 个样本的第 j 个指标值，即（$i=1,2,\cdots,m;j=1,2,\cdots,n$），为消除不同性质指标对综合评价的影响，首先对指标值进行标准化处理。

效益型指标：

$$x(i,j) = \frac{x^*(i,j) - x_{\min}(j)}{x_{\max}(j) - x_{\min}(j)} \qquad (5-2)$$

成本型指标：

$$x(i,j) = \frac{x_{\max}(j) - x^*(i,j)}{x_{\max}(j) - x_{\min}(j)} \qquad (5-3)$$

（2）计算指标熵值。根据熵值计算公式，令 Hi 为 j 个评价指标的熵值，则有：

$$H_j = -\frac{1}{\ln m}\sum f(i,j)\ln f(i,j) \qquad (5-4)$$

式中，$f(i,j) = x(i,j)/\sum x(i,j)$，当 $f(i,j)=0$ 时，令 $f(i,j)\ln f(i,j)=0$。

（3）计算指标熵权。设 $w(j)$ 为指标 j 的熵权值，即指标 j 的权重，公式有：

$$w(j) = (1 - H_j)/(n - \sum H_j) \qquad (5-5)$$

式中，$0 \leqslant w(j) \leqslant 1$，且满足 $\sum w(j) = 1$。

2. 集对理论、联系数和集对势

采用集对分析理论对经赋权的指标数据进行计算和动态评价。集对理论是一种蕴含辩证统一思想的系统分析理论，由我国学者赵克勤于1989年首次提出，用于刻画和研究广泛存在于复杂系统中的确定性因素和不确定性因素及其影响、制约和转化机制。集对是具有一定联系的两个集合组成的耦合对，用集对分析的方法可以探讨在特定问题背景下集对之间确定性联系和不确定联系的同异反（协同、差异、对立）因素，并通过联系数加以度量刻画。在本书的研究情景中，将所构建的制造企业低碳创新五维评价体系作为集对的一个集合，将企业低碳创新结果作为集对中的另外一集，通过两集合的联系数探讨制造企业低碳创新水平。集对分析中联系数的表达式为：

$$u = \frac{S}{N} + \frac{F}{N}i + \frac{P}{N}j \tag{5-6}$$

式中，N 为所论耦合对的总体特性数目，S 为所论耦合对中协同特性数目，F 为所论耦合对中差异特性数目，P 为所论耦合对中对立特性数目。则 $\frac{S}{N}$、$\frac{F}{N}$ 和 $\frac{P}{N}$ 分别可解释为所论耦合对的同一度、差异度和对立度。取 $i \in [-1, 1]$ 为差异度系数，$j = -1$ 为对立度系数，i 值可视研究情景灵活取值，当 i 值取边界值时，表明所论耦合对无差异度特性，只有同一度特性和对立度特性。综上，上式可以简写成：

$$u = a + b_i + c_j \tag{5-7}$$

式中，a 为同一度，b 为差异度，c 为对立度，且满足 a、b、c 为非负实数，$a + b + c = 1$。将代表差异因素的 i 项进行拆分，可将联系数表达式扩展到多元层次。

$$u = a + b_1 i_1 + b_2 i_2 + \cdots + b_n i_n + c_j \tag{5-8}$$

式中，$n \geq 2$，$i_1, i_2, \cdots, i_n \in [-1, 1]$，$j = -1$。

$n = 2$ 时的四元联系数是集对分析系统的简单扩展，可以较全面地描述系统不确定因素中的偏同和偏负差异，且具有操作简单的特点，故本书采用四元联系数描述制造企业的低碳发展情况。

在四元联系数表达式 $u = a + b_1 i_1 + b_2 i_2 + cj$ 中，若有 $c \neq 0$，则用 $E = a/c$ 表示所论集对在该问题情境下的集对势，集对势是集对系统同一特性和对立特性强弱程度的度量，当 $a/c > 1$、$a/c = 1$ 和 $a/c < 1$ 时分别表示集对系统处于同势、均势和反势，是度量系统中何种态势占优以及态势发展趋势的重要指标。在制造企业低碳创新水平评价的描述中，若系统集对势为同势，则认为此时企业低碳创新整体态势中正向促进因素占据主导地位，系统的创新发展水平和趋势良好；若系统集对势为均势，则认为促进因素和抑制因素呈现"势均力敌"的态势，系统创新发展水平中等；相反，若集对势为反势，则认为反向抑制因素占优，系统低碳创新态势堪忧。由于联系数表达式中除 a 和 c 外的其他系数对势级也产生影响，使得同一态势水平联系数还存在多个势级。学者对联系数势级的划分已有一定研究，相关文献给出了对三元至五元联系数势级划分的传统方法，并将其应用在特定领域。顾成喜研究指出，传统的势级划分方法仍存在一定不足，如在同势判别中对偏负差异因素和反向因素重视度不足，反势判别中对偏同差异因素和正向因素重视度不足，导致对势级的等级划分不够精确，进而提出一种改进的四元联系数势级划分方法，并通过仿真方法验证了其比传统划分方法的优越性。鉴于影响制造企业低碳创新的因素繁杂，在系统势级划分中要充分考虑差异因素的细微影响，故本书采用顾成喜给出的势级划分方法，以期提高制造企业低碳创新水平测度的精确性和说服力。

3. 状态转移矩阵和集对分析耦合模型

企业低碳创新发展态势是一个随时间动态变化的复杂过程，因此其评价研究应综合关注系统的动态性和不确定性，不仅要有效测度当前的低碳创新发展水平，还应该预判该产业未来低碳创新发展趋势。马尔可夫链的状态转移矩阵具有利用系统状态之间的转移概率来预测系统动态转移路径的功能，将状态转移的思想和集对分析模型相结合，对描述和预测企业整体低碳创新水平动态变化规律具有较好效果。构建状态转移矩阵和四元联系数的耦合模型具体步骤如下。

假设所论集对的在 t 时刻的 N 个特性满足 $N_t = S_t + F_t^+ + F_t^- + P_t$，其中 S_t 为集对中具有同一性的特性数目、F_t^+ 为集对中具有偏同差异的特性数目、F_t^- 为集对中具有偏负差异的特性数目，P_t 为集对中具有对立度特性的数目。若将此 N 个特性按照 S_t、F_t^+、F_t^-、P_t 的顺序排序并连续编号，且排序后 N 个特性的熵权权重为 $W_t(k)(k = 1, 2, \cdots, N)$，则 t 时刻集对联系数可表示为：

$$
\begin{aligned}
u(t) &= a(t) + b_1(t)i_1 + b_2(t)i_2 + c(t)j \\
&= \sum_{k=1}^{S_t} W_t(k) + \sum_{k=S_t+1}^{S_t+F_t^+} W_t(k)i_1 + \sum_{k=S_t+F_t^++1}^{S_t+F_t^++F_t^-} W_t(k)i_2 \\
&\quad + \sum_{k=S_t+F_t^++F_t^-+1}^{N} W_t(k)j
\end{aligned}
\tag{5-9}
$$

式中，$\displaystyle\sum_{k=1}^{S_t} W_t(k) + \sum_{k=S_t+1}^{S_t+F_t^+} W_t(k) + \sum_{k=S_t+F_t^++1}^{S_t+F_t^++F_t^-} W_t(k) + \sum_{k=S_t+F_t^++F_t^-+1}^{N} W_t(k)$ $= 1$。

系统在状态的动态变化过程中，在一步变化周期 ΔT 时间内，原有集对指标中部分特性状态发生变异，部分特性维持原态。假设系统在 $[t, t + \Delta T]$ 时间内，S_t 个特性中 S_{t1} 个保持原有的同一特性，有 S_{t2}^+ 个特性转化为偏同差异特性，有 S_{t2}^- 个特性转化为偏负差异特性，有 S_{t3} 个特性变异为对立特性，由马尔可夫链一步转移概率性质可知，特性 S_t 在周期 ΔT 内的归一化转移概率向量为：

$$
\begin{aligned}
p_1 &= (p_{11}, p_{12}, p_{13}, p_{14}) \\
&= \Bigg[\sum_{k=1}^{S_{t1}} W_t(k) + \sum_{k=S_{t1}+1}^{S_{t1}+S_{t2}^+} W_t(k)i_1 + \sum_{k=S_{t1}+S_{t2}^++1}^{S_{t1}+S_{t2}^++S_{t2}^-} W_t(K)i_2 \\
&\quad + \sum_{k=S_{t1}+S_{t2}^++S_{t2}^-+1}^{N} W_t(k) \Bigg] \cdot \frac{1}{\lambda_t}
\end{aligned}
\tag{5-10}
$$

则所论集对的同异反系统在 $[t, t + \Delta T]$ 时间内的转移概率矩阵为：

$$P = \begin{pmatrix} p_1 \\ p_2 \\ p_3 \\ p_4 \end{pmatrix} \quad (5-11)$$

得到 $t + \Delta T$ 时刻的集对联系度为：

$$u(t + \Delta T) = [a(t), b_1(t), b_2(t), c(t)]$$
$$\times p \times (1, i_1, i_2, j)^T \quad (5-12)$$

假设系统每一个变化周期的转移概率矩阵不变，得到 n 个变化周期后的联系数为：

$$u(t + \Delta T) = [a(t), b_1(t), b_2(t), c(t)]$$
$$\times p^{n\Delta T} \times (1, i_1, i_2, j)^T \quad (5-13)$$

根据有限长齐次马尔可夫链具有遍历性的充要条件可知，系统经过多个周期的状态转化会趋于稳定状态，此时存在正整数 k，使 k 步转移概率矩阵 P^k 无零元。即当满足公式：

$$\begin{cases} [a(k), b_1(k), b_2(k), c(k)] \times (E - P) = 0 \\ a(k) + b_1(k) + b_2(k) + c(k) = 1 \end{cases} \quad (5-14)$$

有唯一解时（E 为单位阵），系统具有遍历性，可得到稳定状态下的联系度表达式：

$$u(k) = a(k) + b_1(k) + b_2(k) + c(k),$$
$$i_1, i_2 \in [-1, 1], j = -1 \quad (5-15)$$

该模型可以通过基期数据计算转移概率矩阵，进而测算预测期以及稳定情况下的制造企业低碳创新发展水平联系数。

5.1.3 数据收集和处理

利用统计年鉴数据，在数据可获取的前提下，针对 2012～2018 年时间区间的中国装备制造企业数据为研究对象，结合上述模型计算各年份低碳技术创新行为扩散效果四元联系数，并以该时段为基期计算状态转移矩阵，测算行业低碳技术创新行为扩散效果。

集对分析评价的前提是对所构建指标体系的数据进行分类定级，由于中国装备制造企业低碳技术创新行为扩散效果测度还没有权威的定级标准，故本书借助课题契机，通过邀请中国高校、发改委和科技厅本领域相关专家对测度装备制造企业低碳技术创新行为扩散效果的各个指标进行等级划分，共分为四个等级，其中 A 级别表明该项指标完全符合装备制造企业低碳技术创新行为扩散效果要求，可作为确定性正向因素，即装备制造企业的该指标水平完全符合低碳发展的要求和理念；B 级别表明该项指标基本符合装备制造企业低碳技术创新行为扩散效果要求，可作为不确定性偏同差异因素；C 级别表明该项指标基本不符合装备制造企业低碳技术创新行为扩散效果要求，可作为不确定性偏负差异因素；D 级别表明该指标完全不符合装备制造企业低碳技术创新行为扩散效果要求，可作为确定性逆向因素，即装备制造企业的该指标水平完全不符合低碳发展的要求和理念。通过专家评定的效益型和成本型指标的定级标准如表 5 - 3 和表 5 - 4 所示。

表 5 - 3 　　　　　　　　效益型指标定级标准

效益型指标	A_1（亿元）	A_2（亿元/万人）	A_3（亿元/万人）	A_4（亿元）	A_5（万人年）	A_6（‰）
A（≥）	16×10^4	20	2.25	8000	225	0.20
B（≥）	8×10^4	10	1.25	5000	150	0.10
C（≥）	4×10^4	5	0.50	3000	75	0.05
D（≥）	4×10^4	5	0.50	3000	75	0.05

资料来源：自制。

表 5－4　　　　　　　　　　　成本型指标定级标准

成本型指标	A₇（万吨/亿元）	A₈（万吨/亿元）	A₉（万立方米/亿元）	A₁₀（万吨）	A₁₁（万吨/亿元）	A₁₂（%）	A₁₃（万吨）	A₁₄（亿立方米）	A₁₅（万吨）
A(≤)	0.35	0.05	9.0	25×10^4	0.50	1.80	200×10^4	40×10^4	10×10^4
B(≤)	0.50	0.08	10.0	35×10^4	0.95	1.90	215×10^4	45×10^4	20×10^4
C(≤)	1.00	0.11	11.0	45×10^4	1.35	2.00	230×10^4	50×10^4	40×10^4
D(≤)	1.00	0.11	11.0	45×10^4	1.35	2.00	230×10^4	50×10^4	40×10^4

资料来源：自制。

5.1.4　实证研究和结果讨论

将原始数据利用熵权法公式（5－3）至公式（5－6）进行权重计算，得的该指标体系中各指标权重为（0.0692，0.0530，0.0733，0.0785，0.0860，0.0659，0.0529，0.0533，0.0650，0.0604，0.0530，0.1256，0.0576，0.0602，0.0461）。参照表 5－3 和表 5－4 的分级标准，对各二级指标原始数据低碳创新发展水平进行定级，结果如表 5－5 所示。

表 5－5　　　　中国装备制造企业低碳技术创新行为扩散评价体系
二级指标定级结果

指　标	权重	2007	2008	2009	2010	2011	2012	2013
企业产值增加值 A₁	0.0692	C	C	C	D	B	B	C
企业人均产值增加值 A₂	0.0530	C	B	B	D	B	B	B
企业人均利润增加值 A₃	0.0733	C	C	D	D	A	C	B

续表

指 标	权重	2007	2008	2009	2010	2011	2012	2013
R&D 活动经费支出 A_4	0.0785	D	D	D	C	C	B	B
R&D 活动人员全时当量 A_5	0.0860	D	C	C	C	C	B	B
R&D 经费投入强度 A_6	0.0659	C	C	C	C	C	B	B
单位产值煤炭消耗 A_7	0.0529	B	B	A	A	A	A	A
单位产值石油消耗 A_8	0.0533	D	D	D	D	C	B	B
单位产值天然气消耗 A_9	0.0650	D	D	C	B	A	A	A
二氧化碳排放量 A_{10}	0.0604	B	B	B	B	C	C	C
二氧化碳排放强度 A_{11}	0.0530	D	C	C	C	B	B	B
单位能源二氧化碳排放比例 A_{12}	0.1256	C	B	B	B	C	C	C
工业废水排放量 A_{13}	0.0576	B	C	C	B	B	B	B
工业废气排放量 A_{14}	0.0602	A	A	B	B	D	D	D
工业固体废物排放量 A_{15}	0.0461	B	B	B	B	C	C	C

资料来源：自制。

结合表 5 - 5 的定级结果，利用所构造模型对中国装备制造企业低碳技术创新行为扩散进行动态测度，由公式（5 - 10）计算出 2012～2018 年制造企业低碳创新发展水平四元联系数为：

$$u_{2012} = 0.0602 + 0.2170i_1 + 0.3870i_2 + 0.3358j$$

$$u_{2013} = 0.0602 + 0.3380i_1 + 0.4050i_2 + 0.1968j$$

$$u_{2014} = 0.0529 + 0.3453i_1 + 0.3967i_2 + 0.2051j$$

$$u_{2015} = 0.0529 + 0.4149i_1 + 0.2834i_2 + 0.2488j$$

$$u_{2016} = 0.1912 + 0.2328i_1 + 0.5158i_2 + 0.0602j$$

$$u_{2017} = 0.1179 + 0.5165i_1 + 0.3054i_2 + 0.0602j$$

$$u_{2018} = 0.1179 + 0.6462i_1 + 0.1757i_2 + 0.0602j$$

本书取各年发展水平权重相同，则该时段中国装备制造企业低碳技术创新行为扩散水平平均四元联系数为：

$$\overline{u} = 0.0933 + 0.3872i_1 + 0.3527i_2 + 0.1668j$$

平均加权转移矩阵为：

$$\overline{P} = \begin{pmatrix} 0.7695 & 0.1667 & 0.0638 & 0 \\ 0.0523 & 0.7212 & 0.1762 & 0.0503 \\ 0 & 0.3597 & 0.5812 & 0.0591 \\ 0.0492 & 0.0818 & 0.2235 & 0.6455 \end{pmatrix}$$

利用公式（5-13）和公式（5-14）测算 2019~2021 年的中国装备制造企业低碳技术创新行为扩散水平的四元集对联系数为：

$$u_{2019} = (0.0933, 0.3872, 0.3572, 0.1668) \times \overline{P} \times (1, i_1, i_2, j)^T$$

$$= 0.1003 + 0.4353i_1 + 0.3164i_2 + 0.1480j$$

$$u_{2020} = 0.1072 + 0.4566i_1 + 0.3000i_2 + 0.1362j$$

$$u_{2021} = 0.1208 + 0.4662i_1 + 0.2921i_2 + 0.1209j$$

利用公式（5-15）计算稳定状态下中国装备制造企业低碳技术创新行为扩散水平：

$$\left\{ \begin{array}{l} [a(k), b_1(k), b_2(k), c(k)] \times \begin{pmatrix} 0.2305 & -0.1667 & -0.0638 & 0 \\ -0.0523 & 0.2788 & -0.1762 & -0.0503 \\ 0 & -0.3597 & 0.4188 & -0.0591 \\ -0.0492 & -0.0818 & -0.2235 & 0.3545 \end{pmatrix} = 0 \\ a(k) + b_1(k) + b_2(k) + c(k) = 1 \end{array} \right.$$

解此方程组，得到该转移矩阵下稳定情况时装备制造产业低碳技术创新行为扩散效果四元联系数为：

$$u(k) = 0.1322 + 0.4754i_1 + 0.2800i_2 + 0.1124j$$

利用各年及稳定情况下联系数表达式计算出集对势值，并参照顾成喜给出的势级划分方法，对 2012～2021 年以及稳定情况下中国装备制造企业低碳技术创新行为扩散效果联系数进行势级划分。各年联系数、集对势值、势级划分条件及势级如表 5-6 所示。

表 5-6　中国装备制造企业低碳技术创新行为扩散效果联系数及势级划分

联系数	满足条件	集对势值	势级
$u_{2012} = 0.0602 + 0.2170i_1 + 0.3870i_2 + 0.3358j$	$d \leq a+b+c,\ d > a+b$ $d < c,\ c > a+b$	0.1793	弱反势 40 级
$u_{2013} = 0.0602 + 0.3380i_1 + 0.4050i_2 + 0.1968j$	$d \leq a+b,\ d > a,$ $d < c,\ c+d > a+b$	0.3059	微反势 33 级
$u_{2014} = 0.0529 + 0.3453i_1 + 0.3967i_2 + 0.2051j$	$d \leq a+b,\ d > a,$ $d < c,\ c+d > a+b$	0.2580	微反势 33 级
$u_{2015} = 0.0529 + 0.4149i_1 + 0.2834i_2 + 0.2488j$	$d \leq a+b,\ d > a,$ $d < c,\ c+d > a+b$	0.2126	微反势 33 级
$u_{2016} = 0.1912 + 0.2328i_1 + 0.5158i_2 + 0.0602j$	$a \leq c+d,\ a > d,$ $a < b,\ a+b < c+d$	3.1761	微同势 20 级
$u_{2017} = 0.1179 + 0.5165i_1 + 0.3054i_2 + 0.0602j$	$a \leq c+d,\ a > d,$ $a < b,\ a+b > c+d$	1.9585	微同势 18 级
$u_{2018} = 0.1179 + 0.6462i_1 + 0.1757i_2 + 0.0602j$	$a \leq c+d,\ a > d,$ $a < b,\ a+b > c+d$	1.9585	微同势 18 级
$u_{2019} = 0.1003 + 0.4353i_1 + 0.3164i_2 + 0.1480j$	$d \leq a+b,\ d > a,$ $d < c,\ c+d < a+b$	0.6778	微反势 31 级
$u_{2020} = 0.1072 + 0.4566i_1 + 0.3000i_2 + 0.1362j$	$d \leq a+b,\ d > a,$ $d < c,\ c+d < a+b$	0.7871	微反势 31 级

续表

联系数	满足条件	集对势值	势级
$u_{2021} = 0.1208 + 0.4662i_1 + 0.2921i_2 + 0.1209j$	$a \approx d,\ a < b + c,\ b > c$	0.9992	微均势 28 级
$u(k) = 0.1322 + 0.4754i_1 + 0.2800i_2 + 0.1124j$	$a \leqslant c + d,\ a > d,$ $a < b,\ a + b > c + d$	1.1762	微同势 18 级

资料来源：自制。

表 5 - 6 实证结果表明，总体来看，2012 年以后的近十年来中国装备制造企业总体低碳技术创新行为扩散效果呈现逐年优化态势，在势级上基本实现了发展态势从弱反势到微均势的转变，且按照目前的趋势，最终可以达到集对势水平为 1.1762 的微同势发展稳态。然而逐年分析数据显示，中国装备制造企业总体低碳技术创新行为扩散效果的阶段性特性也较为明显，且受外界政策环境因素影响显著。

5.2 复杂网络下中国装备制造企业低碳技术创新 行为扩散的调节机制

5.2.1 模型构建

1. 装备制造企业协同能力与低碳技术创新行为扩散效果的关系

随着经济全球化的逐渐深入，开放、合作和共享模式是企业发展的有效途径。装备制造企业与各类主体长期协同合作形成稳定的知识链和技术链，通过知识溢出和技术转移形成实现低碳技术创新行为的扩散。本书从装备制造企业与消费者、其他企业、政府和中介机构四个维度的协同表现考察中国装备制造企业协同能力。

作为供应链的最终端,消费者的低碳需求是促进装备制造企业低碳技术创新行为扩散效果的重要提升因素。随着消费者的低碳需求日益强烈,装备制造企业通过与消费者协同能使企业及时获取市场中的低碳产品需求,且能够及时排除不符合市场需求的低碳技术创新行为扩散方案。消费者对低碳产品的需求高时,装备制造企业会为了满足消费者的需求来提高消费者的满意度和忠诚度而选择参与低碳技术创新行为扩散,即消费者的低碳需求对装备制造企业参与低碳技术创新行为扩散有正向推动作用,而装备制造企业只有与消费者协同才能更快更准确地获悉消费者具体的低碳需求,提升低碳技术创新行为扩散效果。

在市场活动中,与装备制造企业密切相关的其他企业主要包括供应商企业和竞争企业。处于供应链另一端的供应商是促进装备制造企业低碳技术创新行为扩散的重要因素。装备制造企业的供应商主要是为其提供生产设备、材料等的企业,当供应商响应国家发展政策提供低碳技术设备和低碳生产材料时,会在很大程度上引导装备制造企业选择低碳生产模式,也间接正向影响了装备制造企业低碳技术创新行为扩散。装备制造企业生产运营具有"一代设备,一代工艺,一代产品"的特点,也就是说,装备制造企业选择什么样的生产设备就会形成什么样的生产工艺,什么样的生产工艺最后就会形成什么样的产品。这种特点同样适用于低碳技术创新行为扩散过程,即装备制造企业个体选择低碳生产设备就相当于引进了一项低碳生产工艺,最后生产的产品也具有低碳的特点。所以,一方面,装备制造企业在技术创新行为扩散中与供应商协同,根据自身的低碳运营生产需要,向供应商提出关于生产材料和设备等方面的低碳需求,供应商发挥技术能力优势,对原有设备和材料进行低碳特性改进,实现低碳技术创新,当低碳生产设备和材料通过交易等方式从供应商向装备制造企业成功移动后,就促成了低碳技术创新行为扩散。

装备制造企业与竞争企业协同对低碳技术创新扩散的影响主要体现在两个方面。一方面,装备制造企业之间存在一定的市场重叠度和资源相似性，奥德莱斯和弗莱德曼（2012）的研究表明，竞争企业比垄断企业更具有创新性，装备制造企业必须不断在产品和工艺方面超越竞争企业才能在动态博弈中快速获取竞争优势，因此装备制造企业通过与竞争企业协同会更具有创新观念和意识，在低碳经济发展背景下更有利于装备制造企业率先实施低碳技术创新扩散行为。另一方面，装备制造企业通过与竞争企业的协同能够加强信息传播的及时性和准确性，面对共同的市场低碳需求，装备制造企业通过获知竞争企业在低碳技术创新行为扩散中的具体策略及收益情况，便于依据装备制造企业的策略和收益做出是否实施低碳技术创新行为的决策。当竞争企业通过实施低碳技术创新行为获得了更多收益，装备制造企业会更倾向于选择实施低碳技术创新行为；若竞争企业实施低碳技术创新后的收益不增反降，则装备制造企业很可能放弃实施低碳技术创新行为。

政府在低碳技术创新行为扩散中的作用极为重要。目前，市场竞争对技术创新及其扩散不能起到完全驱动作用，成本障碍是阻碍企业实施低碳技术创新扩散的主要因素，此时政府的资金支持、服务导向及政策制定（人才培养、法规管制、税收优惠）等支持行为将对装备制造企业起到很大的激励作用。装备制造企业加大与政府相关部门的协同程度能够提高获知政府相关扶持政策的及时性，当政府提出对实施低碳生产方式运营的企业给予补贴时，这样的补贴激励政策一般是暂时性的且需要符合一定的标准，装备制造企业加强与政府部门的协同程度能够尽快获知该政策的准确信息和内容，并依据企业的实际情况及时采取措施。当政府颁发关于收缴碳税的相关规定时，装备制造企业若能及时获知相关信息即能尽早采纳低碳技术创新实施低碳生产，避免由于缴纳高额碳税造成企业收益的损失。总体来说，装备制造企业加强与政府部门的协同程度能够提高装备制造企业获知低碳发展信息的及时性，同时降低企业在政策环境中发展的被动性。

中介机构主要指在技术创新及创新成果转移过程中，提供技术、知识、信息、资金等专业化服务的组织和机构，有技术推广、技术服务、科技鉴证、信息交流、资源整合、决策咨询、市场监督、技术保护等职能，在促进知识流动和技术转移方面发挥着重要的作用。在低碳经济发展背景下，装备制造企业欲从众多低碳技术创新成果中遴选适合本企业的技术成果，需要尽可能全面了解各种低碳技术创新的专业性知识和信息，但是由于装备制造企业的科研能力和技术能力有限，可能无法完全获知所有低碳技术创新的信息，即存在一定的信息不对称性。而科技中介机构作为专门代理技术创新转移等职能的组织机构，具备基本掌握和了解各项低碳技术创新的专业技术和知识能力。装备制造企业与科技中介机构的协同能够加强对各类低碳技术创新信息的掌握水平，进而从中选择适合本企业生产和发展的成熟低碳技术创新成果。装备制造企业在引进低碳技术创新成果时需要投入大量的资金和人力资源，当在装备制造企业本身能力有限但又亟须引进低碳技术创新成果的情况下，中介机构的存在能为装备制造企业引进低碳技术创新提供专业人才和融资平台。另外，当装备制造企业希望将自身的低碳技术创新向其他潜在采纳企业转移时，也可通过中介机构与其他潜在采纳企业建立联系。因此，装备制造企业与中介机构的协同程度对装备制造企业低碳技术创新行为扩散效果有正向促进作用。

综上所述，装备制造企业与消费者、其他企业、政府及中介机构四种外部主体的协同合作对低碳技术创新行为效果都有提升作用。但根据企业资源基础理论，由于企业与每种主体的单线协同合作容易被复制，不能被认为是企业独占的优势资源，也不能被称作企业特质的优势能力，因此，本书将装备制造企业与消费者、其他企业、政府及中介机构这四种外部主体的合作关系捆绑组合，整合成一种更高层次的协同关系，并将装备制造企业协同能力界定为在装备制造企业低碳技术创新行为扩散过程中能够使消费者、其他企业、政府及中介机构共同参与以获取信息资源实现创新的多维度能力。装备制造企业协同能力是一种高阶结构能力，将装备制造企业分别与消费者、其他企业、政府及中介机构协同合作视为一阶结构能力，装备制造企业协同能力则是从一阶结构共同作用产生的互补性形成的二阶结构能力，通过测度消费者、其他企业、政府及中介机构参与装备制造企业低碳技术创新行为扩散过程的关系程度来评价一阶结构能力，进而利用结构方程模型将一阶结构能力作为指标评价企业协同能力。

基于以上分析，提出以下假设。

假设 1：装备制造企业协同能力是由企业与消费者、其他企业、政府及中介机构四个维度协同构成的高阶变量。

假设 2：提高装备制造企业协同能力对低碳技术创新行为扩散效果有显著提升作用。

2. 装备制造企业网络位置与低碳技术创新行为扩散效果的关系

网络位置是网络嵌入理论中的一个重要变量。装备制造企业网络位置是制造企业与其他行动主体关系建立的结果。占据良好网络位置的装备制造企业在获取稀缺信息方面更具优势。评价衡量装备制造企业网络位置的主要变量有两个：中心度和结构洞。中心度是用装备制造企业外部连接单位数来描述网络中装备制造企业中心程度的变量，主要考察装备制造企业在网络中获取和控制资源的程度以及充当中心枢纽的程度，强调装备制造企业自身直接联系的特性。与中心度相比，结构洞更关注与自我联系的装备制造企业之间的关系模式，指网络某一节点与其他节点有直接联系，而其他节点间不存在直接联系，装备制造企业结构洞的丰富程度体现了装备制造企业所处桥接彼此不相连的合作伙伴的位置数量。

加强装备制造企业与消费者、其他企业、政府及中介机构等构成同时合作的协同能力，改善和发展多元合作关系，有利于装备制造企业得到合作伙伴的信任和认可，同时利于进一步稳固已建立的合作关系，促进装备制造企业吸引更多高技术高质量的合作对象，提高装备制造企业与其建立新合作关系的可能性。装备制造企业协同能力的提升有利于装备制造企业在网络中建立新的合作关系并稳固已有合作关系，进而促进装备制造企业中心度的提升。此时装备制造企业的合作伙伴间建立关系可能需要装备制造企业从中起到桥梁作用。装备制造企业协同能力越强，与合作伙伴间建立的关系越稳定，装备制造企业所占的结构洞位置程度越丰富。

低碳技术创新行为扩散过程中，装备制造企业占据不同的网络位置意味着获取低碳技术创新信息的机会不同，因此，网络位置对装备制造企业低碳技术创新行为扩散效果有重要影响。中心度高的装备制造企业处在网络的中心位置，与周围的合作伙伴紧密连接，装备制造企业在网络中更有机会获得和掌控与低碳技术创新相关的新信息，多重信息渠道有利于装备制造企业对比不同的创新信息，保证创新信息的准确性，装备制造企业通过整合外部信息和内部知识，促进装备制造企业低碳技术创新行为扩散。装备制造企业处在结构洞位置能与网络中的其他外部主体建立非冗余的异质性联系，更便于获取差异化低碳技术创新信息，同时利于装备制造企业察觉合作伙伴和潜在交易伙伴的资质，获知装备制造企业外部环境的机会和威胁，提高装备制造企业低碳技术创新的成功率。

基于以上分析，提出以下假设。

假设 3：提高中国装备制造企业协同能力对其网络位置有显著正向影响。

假设 3 - 1：提高中国装备制造企业协同能力对其中心度有显著正向影响；

假设 3 - 2：提高中国装备制造企业协同能力对其结构洞的丰富程度有显著正向影响。

假设 4：优化网络位置对低碳技术创新行为扩散效果有显著正向影响。

假设 4 - 1：提高中国装备制造企业的中心度对低碳技术创新行为扩散效果有显著正向影响；

假设 4 - 2：提高中国装备制造企业的结构洞的丰富程度对低碳技术创新行为扩散效果有显著正向影响。

3. 装备制造企业技术能力与低碳技术创新行为扩散效果的关系

学者对技术能力的研究多从过程视角展开。本书将装备制造企业技术能力定义为装备制造企业基于原有的技术知识，获取、吸收、改进、创新外部新技术知识以达成企业技术知识的积累和储备，最终提升技术创新行为扩散效果的能力。装备制造企业技术能力本质上可以理解成装备制造企业为实现技术创新行为扩散而附着在装备制造企业内部的知识总存量。装备制造企业技术创新是装备制造企业利用已有知识将新技术和新知识与本企业原有技术知识相融合的过程，较高的技术能力对装备制造企业吸收、模仿和改进外来技术有重要的作用，所以在装备制造企业低碳技术创新行为扩散中，装备制造企业自身的技术能力越强，则对提升中国装备制造企业低碳技术创新行为扩散效果的作用越强。

此外，装备制造企业技术能力是与其他外部主体建立并维持良好关系的基础，装备制造企业的技术学习效果在很大程度上取决于原有的技术知识水平。装备制造企业技术能力有利于在技术层面同其他网络主体进行有效交流和沟通。较强的装备制造企业协同能力更便于装备制造企业接触不同领域的新技术和新知识，此时较强的技术能力可以成功吸收、掌握和整合低碳新知识和技术；相反，薄弱的技术能力容易导致装备制造企业不能对引进的低碳新技术知识完全消化吸收，造成资源的浪费。有些装备制造企业建立初期，由于技术能力不强，只能依靠与合作伙伴良好的关系获得先进的技术授权，但随着装备制造企业发展壮大，技术能力不足导致制造企业陷入"落后——引进——再落后——再引进"的恶性循环，直至成为代加工厂。

装备制造企业技术能力蕴含的知识储量为装备制造企业开发建立新的协同合作关系以及稳固已有的网络关系奠定了知识基础。强大的技术能力能够支撑装备制造企业与网络中的高水平外部主体建立新的协同合作关系，相反，薄弱的技术能力不能为装备制造企业吸引高水平外部组织并合作，甚至由于不能有效消化吸收新技术，产生对装备制造企业协同资源的浪费，长此以往会导致装备制造企业组织间信任度的下降、原有合作关系的断裂及新合作关系难以建立的局面，造成装备制造企业中心度的下降和结构洞位置的缺失，最终导致企业技术创新行为扩散效果的降低。

基于以上分析，提出以下假设。

假设5：提高装备制造企业技术能力对提升低碳技术创新行为扩散效果有显著正向影响。

假设6：装备制造企业技术能力对装备制造企业协同能力和低碳技术创新行为扩散效果起正向调节作用，即技术能力水平越高、协同能力越强的装备制造企业，低碳技术创新行为扩散效果越好。

假设 7：装备制造企业技术能力对装备制造企业协同能力与低碳技术创新行为扩散效果关系起正向调节作用，部分通过中介变量网络位置起作用，即装备制造企业技术能力对装备制造企业协同能力和低碳技术创新行为扩散效果的调节作用部分以网络位置为中介。

根据上文的理论假设和关系阐述，构建中国装备制造企业低碳技术创新行为扩散效果提升机制的理论模型。在该模型中，装备制造企业协同能力、装备制造企业技术能力和装备制造企业网络位置对低碳技术创新行为扩散效果均有正向驱动作用，同时技术能力作为调节变量，对装备制造企业协同能力和低碳技术创新行为扩散效果的关系起正向调节作用，装备制造企业网络位置在装备制造企业协同能力与低碳技术创新行为扩散效果之间起中介作用，且装备制造企业技术能力对装备制造企业协同能力和低碳技术创新行为扩散效果的调节作用部分以网络位置为中介。

5.2.2　实证分析

1. 量表设计和数据收集

本书以国内外已有研究为理论基础，梳理各变量可操作的定义和测度，结合中国装备制造企业的实际情况设计了变量的测量量表，问卷采用 Likert 5 级量表，从 1 到 5 分别代表从最低至最高。

本书采用"提名生成法（Name-generator）"测度中心度和结构洞，要求被调查企业填写 3~10 家"与贵企业进行密切技术合作的企业有哪些"，将有效问卷范围内被调查制造企业和得到的制造企业名称之间是否存在合作关系进行 0-1 编码，0 代表目前无合作关系，1 代表存在合作关系，得到的 0-1 矩阵作为输入数据，利用 UCINET6.0 软件计算制造企业中心度和结构洞的各项指标。其中对中心度的考察采用"程度中心度""中介中心度""特征向量中心度"三个指标，用 1 与"约束"的差值衡量制造企业结构洞的丰富程度。

低碳技术创新行为扩散效果的测度通过采纳低碳技术创新的经济效

益、采纳低碳技术创新的社会效益、转移低碳技术创新的经济效益和转移低碳技术创新的社会效益四个维度测量，用 5 个等级划分三个比例指标，从低到高分别对应 1、2、3、4、5。

本书主要考虑装备制造企业规模、所有制类别及研发投入等特性作为控制变量来探讨与模型中变量的关系。按照 2011 年国家统计局颁布的《统计上大中小微型企业划分办法》将装备制造企业规模作为控制变量进行测度。采用虚拟变量来控制制造企业的所有制类型，另外将研发投入分为 0~3%、3%~4%、4%~5%、5%~6%、6% 以上五个区间，分别用 1、2、3、4、5 表示。

在正式调查之前，通过面对面和电话访谈方式对哈尔滨市装备制造企业名录中随机选取的 20 家企业进行试调查，平均答题时间为 14 分钟左右，被调查者没有表现出厌烦和抱怨的情绪，答题的内容完整有效，认为问卷题项数量设计适宜。各变量总量表的 *Cronbach's α* 值大于 0.7，对应的分量表大部分超过 0.6，题项"贵企业与竞争企业的合作关系相比竞争关系更容易达成"和"本企业与中介机构的合作关系持续时间长"的 *Cronbach's α* 值分别为 0.377 和 0.419，没有达到信度标准，因此在量表中删去这两个题项。然后利用 SPSS17.0 软件进行效度检验，结果显示：*KMO* 值均超过 0.6，Bartlett's 球形检验值小于 0.001，公因子累积解释总方差变异均超过 60%，各变量对应因子载荷均超过 0.5，量表通过了收敛效度检验。另外，根据答题者在题项措辞、形式和布局方面提出的建议，对问卷的布局和措辞做必要的修改和调整，具体如表 5-7 所示。

表 5-7　　　　　　　　变量信度和效度分析结果

变量	题　项	因子载荷	*Cronbach's α*	变量指标相关系数（范围）
与消费者协同	消费者的低碳消费能力对本企业的影响程度（N_1）	0.685	0.688	0.613~0.749
	消费者的低碳消费意愿对本企业的影响程度（N_2）	0.701		

续表

变量	题　项	因子载荷	Cronbach's α	变量指标相关系数（范围）
与消费者协同	消费者参与本企业创新活动的频繁程度（N_3）	0.724	0.688	0.613 ~ 0.749
	消费者是本企业实施低碳技术创新扩散不可缺少的合作伙伴（N_4）	0.667		
与其他制造企业协同	本企业在采纳低碳技术创新时会参考其他制造企业的策略和收益（N_5）	0.715	0.724	0.609 ~ 0.726
	本企业在转移低碳技术创新时会参考其他制造企业的策略和收益（N_6）	0.781		
	供应商企业是本企业实施低碳技术创新扩散不可缺少的合作伙伴（N_7）	0.692		
	竞争性企业是本企业实施低碳技术创新扩散不可缺少的合作伙伴（N_8）	0.634		
企业与政府协同	本企业实施低碳技术创新扩散得到政府部门支持的频繁程度（N_9）	0.689	0.691	0.539 ~ 0.677
	本企业能及时了解政府关于制造企业实施低碳行为的最新政策（N_{10}）	0.786		
	政府的命令性政策对本企业实施低碳技术创新扩散的影响程度（N_{11}）	0.627		
企业与中介机构协同	本企业与中介机构合作关系的紧密程度（N_{12}）	0.787	0.818	0.531 ~ 0.682
	本企业通过中介机构同其他组织建立了合作关系（N_{13}）	0.741		
	中介机构是本企业实施低碳技术创新扩散不可缺少的合作伙伴（N_{14}）	0.803		

续表

变量	题　项	因子载荷	Cronbach's α	变量指标相关系数（范围）
技术能力	技术获取能力（B_1）	0.797	0.847	0.508～0.641
	技术模仿能力（B_2）	0.841		
	技术改进能力（B_3）	0.783		
	自主创新能力（B_4）	0.807		
低碳技术创新行为扩散效果	本企业采纳低碳技术创新增加了企业经济收益（T_1）	0.628	0.622	0.509～0.674
	本企业采纳低碳技术创新增加了企业社会效益（T_2）	0.614		
	本企业转移低碳技术创新增加了企业经济收益（T_3）	0.647		
	本企业转移低碳技术创新增加了企业社会效益（T_4）	0.603		

资料来源：自制。

　　基于修改后的调查问卷，通过实地访谈、现场发放与回收问卷、发送电子邮件和电话问询等方式，对中国装备制造业企业实施正式调研，邀请被调查企业的高层管理人员和高级技术人员对问卷题项做出判断。调查期间共发放问卷 800 份，回收问卷 527 份，其中有效问卷 434 份，有效回收率为 54.25%。回收的有效问卷范围内，被调查企业中，国有及国有控股企业占 12.55%，集体企业占 9.72%，民营企业占 53.84%，三资企业占 19.03%，其他类型占 4.86%。参考《统计上大中小微型企业划分办法》，样本中企业规模分布情况为：大型企业占 21.66%，中型企业占 58.30%，小型企业占 15.39%，微型企业占 4.45%。为了避免问卷调查数据来源相同导致产生人为的变量间的共变关系（共同方法偏差 common method biases），将问卷所有题项作为整体做因子分析，得到第一未旋转因子占 26.98% 的载荷量，同源偏差并不严重，可做进一步研究。

2. 量表的信度和效度检验

在评价检验模型前要对量表进行信度与效度分析。将 434 份问卷数据输入 SPSS 得出整个量表的 *Cronbach's* α 值为 0.819（>0.70），各变量的 *Cronbach's* α 值也均大于 0.7，说明整个问卷及变量均有良好的信度。效度分析主要分为内容效度和结构效度两方面。在内容效度方面，文中各变量的量表是以国内外现有研究为基础的，且经过专家检查以及小样本试调查后修改完善形成的，具有良好的内容效度。在结构效度方面，本书采用因子分析方法检验每个指标对变量的因子载荷，结果显示，每个题项的因子载荷均大于 0.65，且具有较强的统计显著性（$p \leqslant 0.01$），收敛效度较好。因此认为每个题项能够较好地解释相应变量，量表具有良好的结构效度。对所有样本数据 *KMO* 检验和 Bartlett's 球形检验，结果显示，*KMO* 值为 0.81（$p = 0.000$），所有观测变量可以继续做因子分析。从表 5 - 7 各变量指标的相关系数范围可知，各指标相关系数的置信区间均不含数值 1，对应 p 值在显著水平 0.01 或 0.05 上达到显著，量表的区分效度得到统计验证。

利用 AMOS17.0 软件的最大似然法对结构方程模型进行参数估计，要求样本数据符合正态分布。检查量表是否存在正态性方面的问题，一般用偏度和峰度的绝对值来考察，当偏度的绝对值小于 3 且峰度的绝对值小于 10 时，认为量表的样本数据是基本服从正态分布的。经分析表明，本书量表中所有观测变量的偏度绝对值的最大值为 0.903，峰度绝对值的最大值为 4.462，均满足条件，可进一步利用 AMOS17.0 软件的最大似然法分析结构方程模型。

3. 实证结果与讨论

利用 AMOS17.0，通过验证性因子分析验证装备制造企业协同能力是由装备制造企业与消费者、其他企业、政府和中介机构四个维度协同构成的高阶因子假设。根据二阶验证性因子分析的整体模型适配度检验（见表 5-8），χ^2/df 介于 2 至 5 且越小模型拟合越好，GFI、CFI、IFI、NFI 大于 0.90，且越大越好，RMSEA 小于 0.08 适配合理，小于 0.05 适配良好。如表 6-8 所示，单因子模型到三因子模型的 χ^2/df 值均大于 5，RMSEA 大于 0.1，模型适配结果不合理。四因子模型 χ^2/df 为 4.19 小于 5，RMSEA 为 0.079，小于 0.08，GFI、CFI、IFI 和 NFI 均大于 0.9，符合模型拟合标准，各因子对装备制造企业协同能力的因子载荷均在 0.5 以上，说明装备制造企业与消费者、其他企业、政府和中介机构四个维度协同构成的结构模型有良好的收敛效度。为了进一步验证四个因子属于二阶因子企业协同能力，对二阶因子模型验证，显示 χ^2/df 为 3.02，小于 4.19，RMSEA 小于 0.08，GFI、CFI、IFI 和 NFI 均符合模型拟合标准，各维度对制造企业协同能力的因子载荷大于 0.6，说明二阶因子装备制造企业协同能力结构模型具有良好的收敛效度。假设得到验证，说明高阶变量装备制造企业协同能力由制造企业与消费者、其他企业、政府和中介机构四个维度协同构成，将装备制造企业与外部主体协同整合为装备制造企业协同能力，作为装备制造企业优势能力资源做进一步考察更合理。

表 5-8　　　　　　　　各因子模型拟合指标（N=434）

模型	Chi-square/df	GFI	RMSEA	CFI	IFI	NFI
单因子	20.07	0.64	0.23	0.87	0.88	0.89
二因子	16.28	0.73	0.17	0.90	0.89	0.91
三因子	8.61	0.86	0.11	0.91	0.91	0.96
四因子	4.19	0.92	0.079	0.97	0.97	0.98
二阶因子	3.02	0.92	0.079	0.97	0.97	0.98

为了验证装备制造企业协同能力、网络位置和低碳技术创新行为扩散效果间的关系，将装备制造企业协同能力的四个维度——与消费者协同、与其他企业协同、与政府协同、与中介机构协同，采用算术平方法计算打包作为装备制造企业协同能力的四个测量指标。利用结构方程路径分析，

按照温忠麟等对中介作用的研究，验证网络位置对装备制造企业协同能力和低碳技术创新行为扩散效果的中介作用：

第一步，检验因变量与自变量的路径系数，低碳技术创新行为扩散效果对装备制造企业协同能力回归的标准化路径系数为 0.327，在 0.01 水平显著，假设得到验证。

第二步，做部分中介检验，依次检验中介变量与自变量的路径系数和因变量与中介变量的路径系数。装备制造企业协同能力与中心度路径系数为 0.216，在 0.05 水平下显著，得到验证；中心度与低碳技术创新行为扩散效果间路径系数为 0.409，在 0.001 水平下显著，假设得到验证；装备制造企业协同能力与结构洞间路径系数为 0.174，在 0.05 水平下显著，假设得到验证；结构洞与低碳技术创新行为扩散效果间路径系数为 0.197，在 0.05 水平下显著，假设得到验证。

第三步，对中介变量中心度和结构洞做完全中介检验，低碳技术创新行为扩散效果对装备制造企业协同能力的回归标准化路径系数为 0.116（< 0.327），在 0.05 水平下显著，说明中心度和结构洞起到部分中介作用；对全模型的路径分析发现，模型 *Chi-square/df* 值为 2.471，小于 5，RMSEA < 0.08，GFI、CFI、IFI 和 NFI 值均满足大于 0.9，拟合度良好。

由以上分析可知，装备制造企业协同能力对低碳技术创新行为扩散效果有显著正向影响，加强装备制造企业协同能力，有利于装备制造企业与外部多方主体的低碳资源共享和信息沟通，进而促使装备制造企业做出科学合理的低碳技术创新决策，提高低碳技术创新行为扩散效果。中心度和结构洞对低碳技术创新行为扩散效果有显著正向影响，装备制造企业中心度说明装备制造企业占据扩散网络的中心位置，降低了企业搜索新技术知识的成本。另外，装备制造企业结构洞越丰富，越能够为装备制造企业带来更多的异质性资源，利于提高低碳技术创新行为扩散效果。中心度和结构洞作为中介变量对装备制造企业协同能力和低碳技术创新行为扩散效果起部分中介作用，且装备制造企业协同能力通过中心度和结构洞的中介作用对低碳技术创新行为扩散效果的间接影响大于直接影响。装备制造企业协同能力高意味制造企业已建立多元合作关系，产生和维持了更多的信任，有利于发展装备制造企业间新的合作关系，进而提高装备制造企业网络中心度。通过增加新的合作关系，装备制造企业在低碳技术创新行为扩散过程中所需要的异质性信息、知识、技术等资源的获取和转移将更加默契。装备制造企业协同能力越高，扩散网络中装备制造企业与协同伙伴间联系强度越大，会促使装备制造企业所占结构洞丰富程度越高，有利于装备制造企业剔除在低碳技术创新行为扩散过程中的冗余信息和资源，降低低碳技术创新行为扩散的失败率、信息搜寻成本甚至谈判及引进成本，进而最终提高低碳技术创新行为扩散效果。

本书利用层级回归分析方法进行验证技术能力对装备制造企业协同能力和低碳技术创新行为扩散效果的调节作用，以题项在表 5 - 7 中的因子载荷为权重，计算各个隐变量的综合得分，然后通过回归分析验证本书提出的假设。回归结果如表 5 - 9 所示。模型 1 反映了企业规模、所有制类别和企业研发投入作为控制变量对低碳技术创新行为扩散效果的影响，从结果可看出，企业规模和所有制类别在回归分析中没有达到显著水平，研发投入对低碳技术创新行为扩散效果在 $p < 0.05$ 水平下有显著正向影响。在模型 1 基础上加入技术能力构建模型 2，回归结果显示，技术能力对低碳技术创新行为扩散效果有显著正向影响（0.318，$p <$ 0.01），假设得到验证。模型 3 将调节变量技术能力纳入模型，模型 4 检验了技术能力对装备制造企业协同能力和低碳技术创新行为扩散效果的调节作用，低碳技术创新行为扩散效果对技术能力和装备制造企业协同能力的交互项回归，系数为 0.211，在 0.01 水平下有显著影响，假设得到验证。

根据温忠麟等对"被中介的调节作用"判断标准，验证在中心度和结构洞的中介作用下技术能力对装备制造企业协同能力和低碳技术创新行为扩散效果的调节作用。

第一步，因变量低碳技术创新行为扩散效果对自变量装备制造企业协同能力、调节变量技术能力和装备制造企业协同能力与技术能力的乘积做回归，模型 4 显示装备制造企业协同能力与技术能力的乘积系数显著，说明技术能力对低碳技术创新行为扩散效果和装备制造企业协同能力的调节作用显著。

表 5 - 9　层级回归分析结果

因变量		低碳技术创新行为扩散效果					中心度	结构洞
		模型 1	模型 2	模型 3	模型 4	模型 5	模型 6	模型 7
控制变量	企业规模	-0.069	-0.074	-0.078	-0.082	-0.065	-0.104*	-0.108*
	所有制类别	0.087	0.081	0.072	0.067	0.028	0.011	0.024
	研发投入	0.112*	0.096	0.084	0.073	0.051	-0.019	-0.029
预测变量	装备制造企业协同能力 (CB)	—	—	0.298**	0.269**	0.157*	0.228**	0.247**
调节变量	技术能力 (TB)	—	0.318**	0.499***	0.491***	0.319**	0.447***	0.508***
调节效应	CB × TB	—	—	—	0.211**	0.322**	0.216**	0.243**
中介变量	中心度	—	—	—	—	0.108*	—	—
	结构洞	—	—	—	—	0.117*	—	—
	R^2	0.031	0.168	0.437	0.489	0.594	0.581	0.592
	ΔR^2	—	0.137	0.269	0.052	0.105	—	—

注: * 表示 $p < 0.05$，** 表示 $p < 0.01$，*** 表示 $p < 0.001$。
资料来源: 自制。

第二步，中介变量中心度和结构洞对自变量企业协同能力、调节变量技术能力和装备制造企业协同能力与技术能力的乘积做回归，模型 6 和模型 7 分别显示装备制造企业协同能力与技术能力的乘积系数显著，说明技术能力对中心度和装备制造企业协同能力的调节作用显著，且技术能力对结构洞和装备制造企业协同能力的调节作用显著。

第三步，因变量低碳技术创新行为扩散效果对自变量装备制造企业协同能力、调节变量技术能力、装备制造企业协同能力与技术能力的乘积和中介变量中心度、结构洞做回归，模型 5 显示，装备制造企业协同能力与技术能力的乘积系数和中心度系数均显著，且装备制造企业协同能力与技术能力的乘积系数和结构洞系数均显著。

由以上分析可知，技术能力对装备制造企业协同能力和低碳技术创新行为扩散效果的调节作用部分通过中介变量中心度和结构洞起作用，假设得到验证。从模型 1 到模型 5，方程的 R^2 由 0.031 增加到 0.581，说明模型的解释力度在逐步提高，技术能力通过中心度和结构洞的中介作用对装备制造企业协同能力和低碳技术创新行为扩散效果的调节作用模型比直接调节作用模型更合理。

5.3 本章小结

本章构建了中国装备制造企业低碳技术创新行为扩散评价体系。实证研究表明，中国装备制造企业总体低碳技术创新行为扩散效果的阶段性特性较为明显，且受外界政策环境因素影响显著。根据评价结果建立了中国装备制造企业低碳技术创新行为扩散的调节机制模型，利用层级回归分析和结构方程模型方法对其进行实证分析，结果发现，将装备制造企业与消费者、其他企业、政府和中介机构的协同表现，通过高阶变量装备制造企业协同能力来描述更为合适，且装备制造企业协同能力对低碳技术创新行为扩散效果有显著正向影响。作为网络位置的两个变量，中心度和结构洞对低碳技术创新行为扩散效果均有显著影响，且在装备制造企业协同能力和低碳技术创新行为扩散之间起部分中介作用。技术能力对装备制造企业协同能力和低碳技术创新行为扩散有正向调节作用，且中心度和结构洞在其中起中介作用。

第 6 章　中国装备制造企业低碳技术创新行为扩散的保障对策

6.1　政府保障对策

6.1.1　构建和完善企业低碳技术创新行为政策支持体系

加强环境立法工作，为企业低碳技术创新行为发展提供法律保障。首先，应该合理设定中国和装备制造业节能减排的中长期目标，明确各层级的责任、权利和义务，引导装备制造企业通过低碳技术创新向低碳转型。其次，制定低碳技术等级标准，使企业和投资者能够准确地知晓企业低碳技术所处水平和企业低碳技术创新行为的发展水平，促进企业和投资者发现低碳技术创新潜在的风险，并及时加以规避。再次，完善废弃物处理的相关法律法规。引导装备制造企业从目前的主要以末端治理技术创新为主处理废弃物，向以清洁工艺创新、环保产品创新等预防式低碳技术创新为主的方向过渡。

加强环境执法力度。严格执行相关法律法规对企业低碳技术创新行为的顺利发展具有推动作用。首先，执法部门应做到"有法可依、有法必依、执法必严、违法必究"，真正实践和执行制定的法律法规，规范环境法律法规的执行手段，完善环境法律法规的执行程序，提高环境执法的可操作性、规范性和透明度，杜绝被监督者、被执法者与监督者、执法者之间利益一致的现象出现。其次，政府部门应时刻根据环境的变化和发展，对已经颁布的政策办法进行更新、补充和完善，以使所制定和执行的政策办法具有全面性、权威性和公正性。最后，加大环境保护的执法力度，扩大环境保护的执法范围，对那些违反法律法规、对大量排放温室气体的企业实施严厉的打击和惩罚。

低碳技术创新行为政策制度支持能够在财政、税收、金融等方面为企业提供相应的政策指导和支持，对低碳技术应用和创新提供补贴，促进监督和竞争机制的形成，来推进低碳技术创新，引导环保文化形成等，为装备制造企业低碳技术创新行为的发展指引方向和提供支撑。因此，应该积极制定并落实相关政策，降低企业实施低碳技术创新的资金压力，同时促使企业低碳技术创新行为向有利于可持续发展的稳定策略逐步演化。

第一，制定合理的财政补贴政策。财政补贴要倾向于改善产品生产管理方法项目、末端治理项目、低碳设备购进、低碳技术引进和研发、相关专业技术人才培养等方面，另外，可以适当提高对重点项目的补贴力度，激励企业开发低碳技术创新相关项目。除此之外，政府应设立低碳技术创新专项基金，对于资金不足但积极进行技术创新、为低碳经济做出贡献的企业给予更多的资金支持。

第二，制定合理的环境收费制度。对现有排污收费制度进行不断完善和调整，适度提高达标、超标排放收费标准，增加企业节能减排的压力，提高企业的节能减排和环境保护意识，在末端治理创新方面加大投入力度。另外，政府应积极实施排污权交易制度，在控制总量的基础上，准许排污企业以竞拍的方式取得排污权，降低企业忽视成本、任意排污的概率，有效引导更多的排污企业主动支付生态保护的社会成本。同时，准许具有排污权的企业卖出多余的排污权，并鼓励它们降低排放，促使它们通过卖出排污权获得更多的收益。

第三，制定合理的环境信贷政策。对低碳技术创新项目的和实施技术创新的企业，优先发放贷款和提供优惠的信贷政策，如给予增加信贷周期、零息贷款、低息贷款、贷款贴息等优惠；而对具有国家明令禁止的、没有参与环境评估、没有达到环境评估标准、不符合环境政策的项目和企业不给予信贷支持。

6.1.2　增加市场的有效竞争强度

建立公平的市场环境。政府应为各类装备制造企业低碳技术创新建立公平的竞争环境。通过加快修改和完善立法，更新不合时宜的政策条文，推动经济体制改革，消除行政壁垒，解除地区和部门封锁，放宽民间资本的准入，鼓励民企、外资等各类企业参与各个行业发展，营造装备制造企业实施低碳技术创新行为的公平有序的竞争市场。另外，政府应以市场需求为导向，以产业政策为工具，鼓励和引导企业利用市场机制，通过资本运作平台进行改制、重组或并购，适当提高行业集中度，触动并打破利益集团的利益。通过立法、政策和制度解决行业垄断问题，通过经济手段、法律手段、行政手段，避免和降低价格竞争、低技术数量竞争等过度竞争行为的发生，规范市场体系，促进行业的有效竞争。

规范低碳产品市场。要有效控制和监管低碳产品市场，规范低碳产品市场的运作，设定低碳产品质量标准，促使企业生产符合标准的低碳产品。现阶段，我国低碳产品市场还不规范，有许多谎称节能减排的低碳产品存在于市场中，还有一些企业假借低碳产品的名号肆意提高产品价格，影响购买者对低碳产品的信心。政府有关部门应按照低碳产品质量标准，统一产品节能、减排、低碳的标准，加强对低碳产品的节能认证、减排认证和低碳认证，保证低碳产品质量过关。除此之外，还应积极发现和打击那些鱼目混珠的假的"低碳产品"，严格惩罚那些实施不合理行为的装备制造企业，营造有序、稳定的低碳产品市场环境。

6.1.3　营造和谐的低碳环保氛围

提高实施低碳技术创新行为企业的社会声誉。政府应该采取相应的措施，不断提高实施低碳技术创新行为的企业的声誉价值。例如，政府可以帮助实施低碳技术创新行为的企业进行宣传，大力表彰和推广先进典型企业的低碳技术创新行为，使其成为行业内外的榜样标杆，促进其引导作用和示范作用的发挥，提高企业的声誉。企业可以依靠其较高的社会声誉降低融资成本，吸引更多新的投资，进而形成良性循环，有利于企业低碳技术创新行为的持续发展。此外，在宣传实施低碳技术创新行为的企业的同时，要毫不留情地揭发和曝光那些对环境造成极大污染的企业，降低其社会声誉价值，使其迫于压力不得不实施低碳技术创新行为。

完善环境保护公众参与机制。鼓励公众积极、主动参与环境监督和管理，不断拓展公众参与监督和管理的范围，充分发挥公众对企业低碳技术创新行为的积极作用。采取民主化的环境管理方式，通过组织公众座谈会、论证会、听证会、宣传会等活动，同时通过走访产业园区、发放调查问卷等方式，搜集和有选择性地采纳公众意见。另外，政府还应积极建设环保组织，支持环保组织举办社会公益活动，使其对企业行为的监督作用充分体现出来，为企业低碳技术创新行为的发展提供相应的推动和支持。

6.2　企业保障对策

6.2.1　提高装备制造企业协同能力

装备制造企业与消费者、其他装备制造企业、政府和中介机构的协同表现受一种有凝聚力但不可观察的能力驱动，将这种潜在的能力用一个高阶变量（即制造企业协同能力）描述，这种能力是不容易被复制的，是企业具有竞争优势的资源。前述研究结果显示，装备制造企业协同能力对低碳技术创新行为扩散有正向提升作用，在低碳技术创新行为扩散网络中，装备制造企业不能选择单一类型的合作伙伴，应提高装备制造企业自身的关系构建和关系管理能力来提高同步发展，改善与消费者、其他装备制造企业、政府和中介机构多元合作关系的企业协同能力。

为了提高企业协同能力，装备制造企业应该增强对外开放程度，加强从中介机构、其他装备制造企业等外部主体获取创意、创新技术和知识的意识，通过行业协会或产品展示以及各类技术培训交流活动，与其他外部与企业相关的部门建立联系，同时提高装备制造企业的声誉，提高与外部主体建立联系的质量和长久度，增加装备制造企业在网络中与其他企业建立的直接联系数量以及起"桥连接"作用的结构洞位置数量，这样，不仅能够及时感知低碳技术创新信息，而且能减少低碳技术创新信息的搜寻和获取成本，还能成为装备制造企业群体中处于优势网络位置的装备制造企业，对群体中其他装备制造企业具有重要的影响作用，进而保持领先地位。

另外，装备制造企业应该与消费者保持频繁而紧密的联系，加强消费者对企业创新活动的参与程度，随时跟踪获取消费者的低碳产品需求变化，进而根据消费者的需求，及时调整装备制造企业的低碳发展策略。此外，装备制造企业还应该与政府相关部门加强联系，及时获悉企业低碳发展的相关规定及政策，如政府在提出对装备制造企业实施低碳生产的补贴政策时，能及时获悉具体政策信息并对企业自身条件进行评估，及时争取政府的相关补贴政策，或政府在不久的将来若出台开征碳税的相关法规时，装备制造企业应该通过与政府相关部门和平台的紧密联系，及时采取应对措施，减少由于高碳排放量而产生的税收成本。

6.2.2 优化装备制造企业关系网络

本书研究发现，装备制造企业存在的相互作用关系是促进低碳技术创新行为扩散的重要动力。从装备制造企业个体角度看，要随时跟踪获知其他装备制造企业的战略和策略信息来分析判断竞争对手与合作伙伴等企业的发展方向，并通过获取的知识和信息来学习其发展经验，进而来进行对低碳技术创新行为扩散的相关决策。在其他装备制造企业群体中，主要分为供应商、竞争对手和合作伙伴三类利益相关者，装备制造企业本身处于这些利益相关者的中心地位，在加强与之协同的基础上提升关系网络的稳定性，通过交易、信息传播、相互竞争、经验学习等方式加快与这些主体间的低碳技术创新行为扩散经验分享。装备制造企业应在建立自身的关系网络时加强对网络的认知管理，对关系网络中的主体进行严格筛选和把关，在建立联系之后完善和更新与之沟通、交流的方式，创造良好的信息流通氛围，减少或避免低碳技术创新知识交流与沟通过程的冲突。

另外，装备制造企业关系网络成员应该在知识共享激励机制方面达成一致，制定并实施科学有效的知识共享激励方式，建立流畅的信息沟通和知识共享渠道，促进关系网络成员间的低碳技术和创新知识的共享与流通。装备制造企业群体关系网络中主要分为供应商、竞争对手和合作伙伴等类别，与供应商间的深化分工降低了装备制造企业与其之间的竞争程度，更利于低碳技术创新知识和成果的扩散与分享，与合作伙伴间的协作关系建立在共同的利益基础上，建立并维护与合作伙伴间的关系更是利于低碳技术创新知识与成果扩散、分享的重要途径，并有利于形成低碳协同创新的新局面，而与竞争企业间的关系使装备制造企业能够及时获知对方的低碳发展策略，并及时调整自身的低碳发展策略，以获得更大的市场竞争优势。总体来说，装备制造企业应该建立并优化与其他装备制造企业间的相互作用关系网络，促进低碳技术创新信息和成果的传播、扩散。

畅通的信息传播和交流沟通渠道是装备制造企业低碳技术创新行为扩散的必要前提。在低碳技术创新行为扩散过程中，装备制造企业之间的信息交流、装备制造企业对政府相关部门制度和政策信息的掌握，以及装备制造企业与研究机构的信息交流都异常重要。应该通过行业协会或政府支持建立公共信息平台，加强各组织部门间低碳技术创新的信息交流与沟通，促进技术溢出效应的提升，为装备制造企业采纳或转移低碳技术创新成果提供良好的渠道支持，避免资源和信息的浪费与分散，减少装备制造企业资源和信息获取方面的成本。

构建装备制造企业低碳技术创新行为扩散平台要求协同跨区域的装备制造企业、科技中介、科研机构和政府等部门来促进技术信息、知识及组员的共享与传播。可在平台网站实行会员制，定期举办低碳技术知识共享活动或低碳产品展示活动等，促进企业间的沟通与交流，及时更新政府对装备制造企业低碳发展的相关规定和政策信息，并能够为装备制造企业获取低碳技术创新成果提供信息传播和技术转移的平台。

6.2.3 提高装备制造企业技术能力

技术能力作为装备制造企业的知识总量，是实现低碳技术创新行为扩散的知识保障，在装备制造企业协同能力与低碳技术创新行为扩散之间起到正向调节作用。为了增强装备制造企业自身的技术能力，第一，应该建设形成知识共享的开放性企业文化，打破传统等级森严的上下等级观念，营造信任轻松的工作氛围，使员工具有与企业共同繁荣发展的使命感。第二，建立促进知识共享的激励制度，鼓励员工在企业部门内及部门间的信息交流与合作，为部门或企业做出知识贡献的员工应受到精神或物质奖励。为部门内部及部门间的信息沟通搭建平台，通过经验例会制度等促进知识的共享，尤其是隐性知识的流动。技术研发部门以及市场部门的知识共享能够将消费者的具体需求与装备制造企业自身的生产运营联系得更为紧密，当消费者对低碳产品的需求量增加时，技术研发部门及时按照消费者的需求提出生产工艺流程改进的建议并向高层管理者上报，促成装备制造企业低碳技术创新的实现。另外，当市场部门感知到市场中低碳产品的数量逐渐增加导致本企业低碳产品垄断优势下降时，及时反馈该信息会促成装备制造企业将低碳技术创新成果向外转移，从而获得额外收益。第三，优化装备制造企业的技术体系。装备制造企业的技术体系包括企业拥有的技术专利、技术知识、设备和规范等，这些技术硬件和软件的结合与协调作用使装备制造企业的技术能力得以发挥，装备制造企业在实施低碳生产过程中需将低碳价值观念植入企业的技术体系，需要引进低碳技术专利、吸收低碳技术知识、购买低碳技术设备以及制定低碳生产规范。这些活动的实施需要良好的技术体系基础，因此装备制造企业在日常运营生产中要不断优化技术体系，为企业自身的技术进步及核心产品的创新提供条件。第四，应该加大装备制造企业研发的投入，不仅包括研发资金的投入，还包括人才的引进和培养。装备制造企业引进低碳技术创新成果时，需要专业技术人员掌握创新成果的原理及应用，并将知识在企业内部进行传授与普及，以实现装备低碳技术创新在本企业的生产应用，因此，装备制造企业应该加大对高级技术人员的引进及研发部门人员的培养，进而提升低碳技术创新在企业内部的吸收、应用和实施效果。

6.3　公众保障对策

6.3.1　树立公众低碳环保意识

这里所指的公众不仅仅是指社会大众，更主要的是指装备制造业产品购买者、用户、投资者等，还包括企业低碳技术创新行为的决策者，他们创造了低碳产品市场。公众的低碳环保意识是低碳采购模式、低碳创新模式形成的基础，低碳采购模式和低碳创新模式是提高市场中低碳产品需求量的重要途径，为企业低碳技术创新行为的发展提供了内在动力。装备制造企业的客户群体应约束自身行为，形成促进低碳经济发展、绿色可持续发展的购买意识，改善传统采购模式，增加购买有利于节能减排、生态环境可持续发展的低碳产品的频率，以低碳采购带动产业创新模式的改变。通过低碳采购行为，激励企业采取低碳技术研发和生产低碳产品，推动低碳产品质量的提升以及低碳技术创新水平的进步。装备制造企业的决策者应响应国家节能减排的号召，积极参加低碳技术讲座、研讨会和交流会，增强自身低碳技术创新意识，并将这种意识传达到每个员工中。装备制造企业的投资者应多关注具有市场操作性的低碳专利项目、低碳技术开发项目、低碳产品研发项目等与低碳技术创新相关的项目，进行节能减排投资，在获得良好经济回报的同时，促进企业低碳技术创新行为的发展。

6.3.2 有效参与低碳环保监督

公众应主动提高自身参与环境保护和对环境保护进行监督的积极性，努力促进绿色文化的普及和全民环保意识的提高，推动企业低碳技术创新行为发展。首先，提高公众参与环境保护的水平。公众应积极参与环境保护，如参加节能减排影响评价论证会、高碳排放事件认证会、节能减排问卷调查等，关注和了解身边企业低碳技术创新行为发展状况。其次，应充分行使监督权。应积极对企业超标排放、碳排放过量等破坏生态环境的行为进行监督和举报。另外，还应积极对政府行为进行监督，坚决抵制对环境可能造成重大污染的项目决策。同时，对政府有关部门的环境执法是否公平进行监督，杜绝对重点纳税企业采取地方保护，督促政府有关部门全面履行环保社会责任，从而推动企业低碳技术创新行为健康有序发展。再次，应充分行使诉讼权。公众有权对环境造成重大污染和负面社会影响的企业提起法律诉讼，并追究这类企业及相关负责人的法律责任，采取民事和行政诉讼等法律方式，维护自身的环境权益。

6.4 本章小结

本章从政府、企业、公众三个层面分析，提出了促进中国装备制造企业低碳技术创新行为扩散的保障对策。政府保障对策研究包括构建企业低碳技术创新行为政策体系、市场有效竞争和低碳环保社会文化三个方面内容；企业保障对策研究包括提高装备制造企业协同能力、优化装备制造企业关系网络、提高装备制造企业技术能力三个方面内容；公众保障对策研究包括树立公众低碳环保意识和有效参与低碳环保监督两方面内容。

参 考 文 献

［1］蔡宁，黄纯．集群风险与结构演化的复杂网络仿真研究［J］．重庆大学学报（社会科学版），2012（1）.

［2］陈长彬．企业技术创新行为的制度分析［D］．福建：福州大学硕士学位论文，2002.

［3］陈功玉．企业技术创新行为非线性系统的动力学分析［J］．系统工程，2005（12）.

［4］陈劲，吴波．开放式技术创新范式下企业全面创新投入研究［J］．管理工程学报，2011（4）.

［5］陈伟，周文，郎益夫，等．产学研合作创新网络结构和风险研究——以海洋能产业为例［J］．科学学与科学技术管理，2014（9）.

［6］陈兴荣，刘鲁文，余瑞祥．企业主动环境行为驱动因素研究——基于 PANEL DATA 模型的实证分析［J］．软科学，2014（3）.

［7］戴鸿轶，柳卸林．对环境创新研究的一些评论［J］．科学学研究，2009（11）.

［8］党亚茹，丁飞雅，高峰．我国航班流网络抗毁性实证分析［J］．交通运输系统工程与信息，2012，12（6）.

［9］邓丽丽．复杂网络上的最后通牒博弈［D］．天津大学，2012.

［10］段云龙，向刚．企业持续创新动力的评价模型及应用［J］．统计与决策，2008（9）.

［11］付海艳，石军伟，胡立军．技术创新的社会结构——中国转型期企业研发行为的一个解释［J］．经济社会体制比较，2008（2）.

［12］傅家骥．技术经济学［M］．北京：清华大学出版社，1998.

［13］格拉泽巴，费小冬（译）．扎根理论研究概论：自然呈现与生硬促成［M］美国：社会学出版社，2009.

[14] 关劲峤, 黄贤金, 刘晓磊等. 太湖流域印染业企业环境行为分析 [J]. 湖泊科学, 2005 (4).

[15] 胡恩华, 刘洪. 基于复杂适应系统的企业集群创新行为研究 [J]. 中国科技论坛, 2007 (1).

[16] 胡耀辉. 产业技术创新链: 我国企业从模仿到自主创新的路径突破 [J]. 科技进步与对策, 2013 (9).

[17] 胡永明, 陆宏伟. 企业目标与企业行为——兼论转轨时期企业行为的特征及其对策 [J]. 经济理论与经济管理, 1986 (6).

[18] 黄健. 基于环境技术创新导向的环境政策研究 [D]. 浙江大学硕士学位论文, 2008.

[19] 贾晓霞, 张晓乐. 网络嵌入、组织学习对企业技术创新绩效的影响研究——基于海洋装备制造企业的考察 [J]. 情报杂志, 2014 (9).

[20] 李翠锦, 李万明, 王太祥. 我国企业绿色技术创新的新制度经济学分析 [J]. 现代管理科学, 2004 (11).

[21] 李富贵, 甘复兴, 邓德明等. 企业环境行为分析 [J]. 中国环境管理干部学院学报, 2007 (1).

[22] 李随成, 姜银浩. 供应商参与 NPD 与企业自主创新能力的关系机理研究 [J]. 科研管理, 2011 (2).

[23] 李随成, 姜银浩. 装备制造企业自主创新能力探索性因素分析及其实证研究 [J]. 科学学研究, 2009 (8).

[24] 李昊, 曹宏铎, 邢浩克. 基于复杂网络少数者博弈模型的金融市场仿真研究 [J]. 系统工程理论与实践, 2012 (9).

[25] 李怡挪, 叶飞. 制度压力、绿色环保创新实践与企业绩效关系——基于新制度主义理论和生态现代化理论视角 [J]. 科学学研究, 2011 (12).

[26] 李志华. 复杂系统中合作涌现的几种机制 [D]. 中国科学技术大学, 2012.

[27] 林海, 吴晨旭. 基于遗传算法的重复囚徒困境博弈策略在复杂网络中的演化 [J]. 物理学报, 2007 (8).

[28] 林润辉，张红娟，范建红. 基于网络组织的协作创新研究综述 [J]. 管理评论，2013 (6).

[29] 刘洪，周玲. 公司成长的复杂性分析 [J]. 中国软科学，2004 (11).

[30] 卢春天，洪大用. 建构环境关心的测量模型——基于 2003 中国综合社会调查数据 [J]. 社会，2011 (1).

[31] 卢少华，朱钒. 基于转移矩阵的企业行为特性研究 [J]. 中国管理科学，2008 (6).

[32] 吕希琛，徐莹莹，徐晓微. 环境规制下制造业企业低碳技术扩散的动力机制——基于小世界网络的仿真研究 [J]. 中国科技论坛，2019 (7).

[33] 马富萍，郭晓川，茶娜. 环境规制对技术创新绩效影响的研究——基于资源型企业的实证检验 [J]. 科学学与科学技术管理，2011 (8).

[34] 马庆国. 管理统计：数据获取，统计原理，SPSS 工具与应用研究 [M]. 北京：科学出版社，2002.

[35] 孟凡生，韩冰. 基于演化博弈理论的装备制造企业低碳技术创新动力机制研究 [J]. 预测，2018 (3).

[36] 孟凡生，韩冰. 政府环境规制对企业低碳技术创新行为的影响机制研究 [J]. 预测，2017 (1).

[37] 孟庆峰，李真，盛昭瀚等. 企业环境行为影响因素研究现状及发展趋势 [J]. 中国人口·资源与环境，2010 (9).

[38] 秦颖，武春友，徐光. 企业行为与环境绩效之间关系的相关性分析与实证研究 [J]. 科学学与科学技术管理，2004 (2).

[39] 阮平南，张勇. 企业实施绿色制造的动力机制研究 [J]. 机械制造，2005 (11).

[40] 单汨源，潘莎，聂荣喜等. 基于卓越绩效模式的企业技术创新能力模型研究 [J]. 科学学与科学管理研究，2009 (6).

[41] 沈斌，冯勤. 基于可持续发展的环境技术创新及其政策机制 [J]. 科学学与科学技术管理，2004 (8).

[42] 盛亚,蒋瑶.吉利汽车从模仿到自主的创新路径 [J].科研管理,2010 (1).

[43] 石乘齐,党兴华.基于知识权力的创新网络演化模型 [J].科技进步与对策,2013 (17).

[44] 史丽萍,刘强,唐书林.基于组织特异性免疫视角的质量绩效提升路径研究——投影寻踪法和强迫进入法的实证分析 [J].南开管理评论,2012 (6).

[45] 孙玉忠.产学研知识创新联盟风险评价与控制研究 [D].哈尔滨工业大学,2011.

[46] 王炳成,李洪伟.企业绿色经营的内在动力机制研究 [J].科技创业月刊,2009 (7).

[47] 汪秋明,韩庆潇,杨晨.战略性新兴产业中的政府补贴与企业行为——基于政府规制下的动态博弈分析视角 [J].财经研究,2014 (7).

[48] 王宇露,江华.企业环境行为研究理论脉络与演进逻辑探析 [J].外国经济与管理,2012 (8).

[49] 尉安宁,贾莉,余向明.企业行为研究述评 [J].天津社会科学,1988 (6).

[50] 魏江.产业集群——创新系统与技术学习 [M].北京:科学出版社,2003.

[51] 文军,蒋逸民.质性研究概论 [M].北京大学出版社,2010.

[52] 吴二娇,刘璟.政府政策镶嵌度与企业行为对企业绩效影响的实证研究 [J].中国科技论坛,2012 (1).

[53] 吴翔阳.产业自组织集群化及集群经济研究 [M].北京:中共中央党校出版社,2006.

[54] 向刚,段云龙.基于制度结构的绿色持续创新动力机制研究 [J].科技进步与对策,2007 (12).

[55] 肖丁丁,田文华.复合型碳减排机制下企业低碳技术创新战略的博弈分析 [J].中国科技论坛,2017 (9).

[56] 许健,吕永龙,王桂莲.我国环境技术产业化的现状与发展对

策 [J]. 环境科学进展, 1999 (2).

[57] 徐建中, 贾大风, 吕希琛, 等. 装备制造企业突破性创新与技术创新绩效的关系研究 [J]. 工业工程与管理, 2015 (5).

[58] 徐建中, 李奉书, 李丽, 等. 企业外部关系质量对低碳技术创新的影响: 基于知识视角的研究 [J]. 中国软科学, 2017 (2).

[59] 徐建中, 吕希琛. 低碳经济下政府、制造企业和消费群体决策行为演化研究 [J]. 运筹与管理, 2014 (6).

[60] 徐建中, 吕希琛. 关系质量对制造企业团队创新绩效影响研究——业务转型外包情境视角 [J]. 科学学与科学技术管理, 2014 (9).

[61] 徐建中, 吕希琛. 基于动态集对分析模型的中国制造业低碳化发展测评研究 [J]. 科技管理研究, 2015 (5).

[62] 徐建中, 曲小瑜. 低碳情境下装备制造企业技术创新行为的影响因素分析 [J]. 科研管理, 2015 (3).

[63] 徐建中, 曲小瑜. 基于扎根理论的装备制造企业环境技术创新行为驱动因素的质化研究 [J]. 管理评论, 2014 (10).

[64] 徐建中, 徐莹莹. 基于演化博弈的制造企业低碳技术采纳决策机制研究 [J]. 运筹与管理, 2014 (5).

[65] 徐建中, 徐莹莹. 企业协同能力、网络位置与技术创新绩效——基于环渤海地区制造业企业的实证分析 [J]. 管理评论, 2015 (1).

[66] 徐建中, 徐莹莹. 政府环境规制下低碳技术创新扩散机制——基于前景理论的演化博弈分析 [J]. 系统工程, 2015 (2).

[67] 徐立青. 企业碳标签食品生产的决策行为研究 [J]. 中国软科学, 2011 (6).

[68] 许庆瑞, 王毅. 绿色技术创新新探: 生命周期观 [J]. 科学管理研究, 1999 (1).

[69] 徐莹莹, 綦良群, 吕希琛. 基于扎根理论的制造企业低碳创新绩效关键驱动因素识别 [J]. 中国科技论坛, 2018 (3).

[70] 徐莹莹, 綦良群, 徐晓微. 低碳经济背景下技术创新链式扩散机制研究——基于 Rubinstein 讨价还价博弈理论 [J]. 科技管理研究,

2017 （16）.

[71] 徐莹莹，綦良群，徐晓微. 低碳经济背景下企业技术创新模式决策机制研究——基于碳税政策视角 [J]. 运筹与管理，2018 （9）.

[72] 徐莹莹，綦良群，徐晓微. 低碳情境下中国制造企业技术创新采纳行为影响因素识别研究 [J]. 中国科技论坛，2017 （11）.

[73] 徐莹莹，綦良群. 基于复杂网络演化博弈的企业集群低碳技术创新扩散研究 [J]. 中国人口资源与环境，2016 （8）.

[74] 杨东宁，周长辉. 企业自愿采用标准化环境管理体系的驱动力 [J]. 管理世界，2005 （2）.

[75] 杨帆. 基于中国企业社会责任导向的组织创新气氛与创新行为关系的实证研究 [D]. 上海交通大学博士学位论文，2008.

[76] 杨燕，高山行. 企业低碳技术创新中知识粘性与知识转移实证研究 [J]. 科学学研究，2010 （10）.

[77] 尹卫兵. 基于 RDAP 四阶模型的新产品速度营销动态能力实证研究 [D]. 同济大学硕士学位论文，2009.

[78] 于丹，董大海，刘瑞明，原永丹. 理性行为理论及其拓展研究的现状与展望 [J]. 心理科学进展，2008 （5）.

[79] 俞国平. 试析绿色技术创新的制度障碍 [J]. 生态经济，2001 （12）.

[80] 俞国平. 制度创新是建立绿色技术创新机制的关键 [J]. 财经论丛，2002 （6）.

[81] 余瑞祥，朱清. 企业环境行为研究的现在与未来 [J]. 工业技术经济，2009 （8）.

[82] 于伟. 消费者绿色消费行为形成机理分析——基于群体压力和环境认知的视角 [J]. 消费经济，2009 （4）.

[83] 袁玲. 基于计划行为理论的知识交互行为研究 [D]. 南京航空航天大学硕士学位论文，2007.

[84] 张敦杰，刘姗. 企业绿色技术创新的影响因素与对策分析 [J]. 科技创业月刊，2009 （2）.

[85] 张劲松. 资源约束下企业环境行为分析及对策研究 [J]. 企业

经济，2008（7）.

［86］张嫚．环境规制与企业行为间的关联机制研究［J］. 财经问题研究，2005（4）.

［87］张美丽，石春生，贾云庆．装备制造企业组织创新与技术创新的匹配量化研究［J］. 中国管理科学，2013（21）.

［88］张爽．装备制造业相关研究文献综述［J］. 现代商贸工业，2010（16）.

［89］赵斌，栾虹，李新建，付庆凤．科技人员创新行为产生机理研究——基于计划行为理论［J］. 科学学研究，2013（2）.

［90］钟晖，王建锋．建立绿色技术创新机制［J］. 生态经济，2000（3）.

［91］周曙东．"两型社会"建设中企业环境行为及其激励机理研究［D］. 中南大学博士学位论文，2012.

［92］朱荣．基于扎根理论的产业集群风险问题研究［J］. 会计研究，2010（3）.

［93］Abernathy W J, C1ark B. Patterns of industrial innovation［J］. Technology Review，1989（7）.

［94］Ajzen I. The theory of planned behavior［J］. Organizational behavior and human performance，1991（50）.

［95］Andersen M M. Eco-innovation—towards a taxonomy and a theory［C］. DRUID Conference Entrepreneurship and Innovation，2008.

［96］Andersson L M, Bateman T S. Individual environmental initiative: Championing natural environmental issues in US business organizations［J］. Academy of Management Journal，2000（43）.

［97］Arora C. Do community influence environmental outcomes? Evidence from the toxics release inventory［J］. Southern Economic Journal，1999（4）.

［98］Arrow K J. Gifts and exchanges［J］. Philosophy & Public Affairs，1972.

［99］Bansal P, Roth K. Why companies go green: A model of ecological responsiveness［J］. Academy of Management Journal，2000，43（4）.

[100] Bansal P. Evolving sustainably: A longitudinal study of corporate sustainable development [J]. Strategic Management Journal, 2005, 26 (3).

[101] Barabási A, Albert R. Emergence of scaling in random networks [J]. science, 1999, 286 (5439).

[102] Baylis R, Connell L, Flynn A. Company size, environmental regulation and ecological modernization: Further analysis at the level of the firm [J]. Business Strategy and the Environment, 1998, 7 (5).

[103] Bernauer E, Kammerer S. Explaining green innovation [R]. Working Paper, Center for Comparative and International Studies, 2006.

[104] Biglan A. The role of advocacy organizations in reducing negative externalities [J]. Journal of Organization Behavior management, 2009 (29).

[105] Bogunά M, Pastor S R. Epidemic spreading in correlated complex N etworks [J]. Physical Review E, 2002, 66 (4).

[106] Bos J W B, Economidou C, Sanders M W J L. Innovation over the industry life-cycle: Evidence from EU manufacturing [J]. Journal of Economic Behavior & Organization, 2013.

[107] Brooks S. The distribution of pollution: Community characteristics and exposure to air toxics [J]. Journal of Environmental Economics and Management, 1997 (2).

[108] Brust D A V, Liston-Heyes C. Environmental management intentions: An empirical investigation of Argentina's polluting firms [J]. Journal of Environmental Management, 2010, 91 (5).

[109] Carroll A B. A three-dimensional conceptual model of corporate performance [J]. Academy of Management Review, 1979, 4 (4).

[110] Carroll A B. The pyramid of CSR: Toward the moral management of organizational stakeholders [M]. Business Horizons, 1991.

[111] Charter C. Sustainable innovation: Key conclusions from sustainable innovation [R]. Paper Presented at the Conferences 2006 Organized by The

Centre for Sustainable Development, University College for the Creative Arts, 2007.

[112] Cheng CC, Shiu E C. Validation of a proposed instrument for measuring eco-innovation: An implementation perspective [J]. Technovation, 2012, 32 (6).

[113] Churchill J G A. A paradigm for developing better measures of marketing constructs [J]. Journal of Marketing Research, 1979, 16 (1).

[114] Clarkson M B E. A stake holder framework for analyzing and evaluating corporate social performance [J]. Academy of Management Review, 1995, 20 (1).

[115] Cleff T, Rennings K. Determinants of environmental product and process innovation [J]. European Environment, 1999, 9 (5).

[116] Cowan R, Jonard N, Özman M. Knowledge dynamics in a network industry [J]. Technological Forecasting and Social Change, 2004, 71 (5).

[117] Cowan R, Jonard N. Network structure and the diffusion of knowledge [J]. Journal of economic Dynamics and Control, 2004, 28 (8).

[118] Cropper S. Collaborative working and the issue of sustainability [J]. Creating collaborative advantage, 1996.

[119] Crucitti P, Latora V, Marchiori M, et al. Error and attack tolerance of complex networks [J]. Physica A: Statistical Mechanics and its Applications, 2004, 340 (1).

[120] Downing P, Kimball J. Enforcing pollution control laws in the United States [J]. Policy Studies Journal, 1982 (11).

[121] Dunn S C, Seaker R F, Waller M A. Latent variables in business logistics research: scale development and validation [J]. Journal of Business Logistics, 1994, 15 (2).

[122] Earnhart D, Lubomir L. Effects of ownership and financial status on corporate environmental performance [R]. William Davidson Working Paper, 2002.

[123] Eklind Y, Kirchmann H. Composting and storage of organic household waste with different litter amendments. II: nitrogen turnover and losses [J]. Bioresource-Technology, 2000, 74 (9).

[124] Fassinger R E. Paradigms, praxis, problems and promise: grounded theory in counseling psychology research [J]. Journal of Counseling Psychology, 2005, 52 (2).

[125] Florida D. Gaining from green management: Environment management systems inside and outside the factory [J]. California Management Review, 2001, 43 (3).

[126] Fussier C, James P. Driving eco-innovation: A breakthrough discipline for innovation and sustainability [M]. Pitman London, 1996.

[127] Gerard I J M, Nicholas A A. The feasibility of encouraging inherently safer production in industrial firms [J]. Safety Science, 2003, 44 (2-3).

[128] Ghisetti C, Rennings K. Environmental innovations and profitability: How does it pay to be green? An empirical analysis on the german innovation survey [J]. Journal of Cleaner Production, 2014, 75 (14).

[129] Glaser B G, Strauss A L. The discovery of grounded theory: strategies for qualitative research [M]. Chicago: Aldine Publishing Company, 1967.

[130] Gottsman L, Kessler J. Smart screened investments: Environmentally screened equity funds that perform like conventional funds [J]. Journal of Investing, 1998, 7 (3).

[131] Grabowski AKosinński R A. Ising-based model of opinion formation in a complex network of interpersonal interactions [J]. Physica A: Statistical Mechanics and its Applications 2006, 61 (2).

[132] Granovetter M S. The strength of weak ties [J]. American journal of sociology, 1973.

[133] Hansen E G, Grosse-Duixker F, Reichwald R. Sustainability innovation cube—A framework to evaluate sustainability-oriented innovations [J].

International Journal of Innovation Management, 2009, 13 (4).

[134] Hart S L. A natural-resource-based view of the firm [J]. Academy of Management Review, 1995, 20 (4).

[135] Hellström T. Dimensions of environmentally sustainable innovation: the structure of eco-innovation concepts [J]. Sustainable Development, 2007, 15 (3).

[136] Henriques I, Sadorsky P. The determinants of an environmentally responsive firm: An empirical approach [J]. Journal of Environmental Economics and Management, 1996, 30 (3).

[137] Hoffman A. Institutional evolution and change, environmentalism and the U. S. chemical industry [J]. Academy of Management Journal, 1999, 42 (4).

[138] Hongyi S, Shui Y W, Yangyang Z, et al. A systematic model for assessing innovation competence of Hong Kong/China manufacturing companies: A case study [J]. Journal of Engineering and Technology Management, 2012, 29 (4).

[139] Horbach J. Determinants of environmental innovations-new evidence from German panel data sources [J]. Research Policy, 2008, 37 (1).

[140] Huang X, Gao J, Buldyrev S V, et al. Robustness of interdependent networks under targeted attack [J]. Physical Review E, 2011, 83 (6).

[141] Huber J. Technological environmental innovations in a chain-analytical and life-cycle-analytical perspective [J]. Journal of Cleaner Production, 2008, 16 (18).

[142] Hussey D M, Eagan P D. Using structural equation modeling to test environmental performance in small and medium-sized manufacturers: Can SEM help SMES [J]. Journal of Cleaner Production, 2007, 15 (4).

[143] Ilker M A. The impact of green product innovation on firm performance and competitive capability: The moderating role of managerial environmental concern [J]. Procedia-Social and Behavioral Sciences, 2012 (62).

[144] Jaffe A B, Newell R G, Stavins R N. A tale of two market failures: Technology and environmental policy [J]. Ecological Economics, 2005, 54 (2 - 3).

[145] James R, Ghobadian A, Viney H. Alliances and mergers in electricity supply [J]. Public Money and Management, 1997, 17 (4).

[146] Kalafsky R, Macpherson A. The post-1990 rebirth of the US machine tool industry: A temporary recovery? [J]. Technovation, 2006, 26 (5 -6).

[147] Kemp R, Smith K. et al. How should we study the relationship between environmental regulation and innovation? [R]. Presented in the European commission JRC-IPTS and enterprise DQ, 2000.

[148] Kitsak M, Gallos L K, Havlin S, et al. Identification of influential spreaders in complex networks [J]. Nature Physics, 2010, 6 (11).

[149] Krugman P. The myth of Asia's miracle [J]. Foreign Affairs, 1994, 73 (4).

[150] Lanjouw J O, Mody A. Innovation and the international diffusion of environmentally responsive technology [J]. Research Policy, 1996, 25 (4).

[151] Li Q, Braunstein L A, Wang H, et al. Non-consensus opinion models on complex networks [J]. Journal of Statistical Physics, 2013, 151 (1 -2).

[152] Li Y, Li L, Liu Y, et al. Linking management control system with product development and process decisions to cope with environment complexity [J]. International Journal of Production Research, 2005, 43 (12).

[153] Li Y. Environmental innovation practices and performance: moderating effect of resource commitment [J]. Journal of Cleaner Production, 2014, 66 (3).

[154] Malerba F, Orsenigo L. Technological reigmes and firm behavior [J]. Oxford Univenity Press, 1993.

[155] Maria B, Örjan S. Climate of competition, clusters and innovative

performance [J]. Scandinavian Journal of Management, 2004, 20 (3).

[156] McWilliams A, Siegel D. Corporate social responsibility and financial performance: correlation or misspecification? [J]. Strategic Management Journal, 2000, 21 (5).

[157] Moreno Y, Pastor S R, Vespignani A. Epidemic outbreaks in complex heterogeneous networks [J]. The European Physical Journal B-Condensed Matter and Complex Systems, 2002, 26 (4).

[158] Narli S. An alternative evaluation method for likert type attitude scales: Rough set data analysis [J]. Scientific Research and Essays, 2010 (6).

[159] Nesta L, Vona F, Nicolli F. Environmental policies, competition and innovation in renewable energy [J]. Journal of Environmental Economics and Management, 2014, 67 (3).

[160] Oliver C. Strategic responses to institutional processes [J]. Academy of Management Review, 1991, 16 (1).

[161] Pandit N R. The creation of theory: a recent application of the grounded theory method [J]. The Qualitative Report, 1996 (4).

[162] Parker C, Nielsen V L. Corporate compliance systems could they make any difference? [J]. Administration & Society, 2009, 41 (1).

[163] Pastor S R, Vespignani A. Epidemic dynamics and endemic states in complex networks [J]. Physical Review E, 2001, 63 (6).

[164] Pereira A, Vence X. Key business factors for eco-innovation: an overview of recent firm-level empirical studies [J]. Cuademos de Gestion, 2012 (12).

[165] Pia A, Maria M. Perceptual variables and nascent entrepreneurship [J]. Small Business Economics, 2005, 24 (3).

[166] Porter M E, Linde C. Toward a new conception of the environment-competitiveness relationship [J]. Journal of Economic Perspectives, 1995, 9 (4).

[167] Preston O B. The corporate social-financial performance relationship:

A typology and analysis [J]. Business and Society, 1997, 36 (4).

[168] Qiao B, Xiao-Liang Z, Zi-Long H. Performance evaluation of tech-nological innovation mode on the equipment manufacturing industry of Shanxi province [J]. Procedia Engineering, 2011 (15).

[169] Reagans R, Mcevily B. Network structure and knowledge transfer: The effects of cohesion and range [J]. Administrative science quarterly, 2003, 48 (2).

[170] Rehfeld K M, Rennings K, Ziegler A. Integrated product policy and environmental product innovations: an empirical analysis [J]. Ecological Economics, 2007, 61 (1).

[171] Rennings K. Redefining innovation—eco-innovation research and the contribution from ecological economics [J]. Ecological Economics, 2000, 32 (2).

[172] Rohrbeck R, Hoelzle K, Gemünden H G. Opening up for competi-tive advantage: how deutsche telekom creates an open innovation ecosystem [J]. R&d Management, 2009, 39 (4).

[173] Sánchez S P, Rosell M J, García V J M. Innovation as a driver of absorptive capacity from foreign direct investment in Spanish manufacturing firms [J]. Procedia-Social and Behavioral Sciences, 2013, 75 (3).

[174] Schumpeter J A. Capitalism, socialism and democracy [M]. Lon-don: Unwin, 1942.

[175] Scott S G, Bruce R A. Determinants of innovative behavior: A path model of individual innovation in the work place [J]. Academy of Management Journal, 1994, 37 (3).

[176] Scott W R. Institutions and organizations [M]. Thousand Oaks, CA: Sage, 1995.

[177] Shrivastava P. Environmental technologies and competitive advantage [J]. Strategic Management Journal, 1995, 16 (S1).

[178] Stalley P. Can trade green China? Participation in the global econo-my and the environmental performance of Chinese firms [J]. Journal of Contem-

porary China, 2009, 18 (61).

[179] Straughan R, Roberts J. Environmental segmentation alternatives: a look at green consumer behavior in the new millennium [J]. Journal of Consumer Marketing, 1999, 16 (6).

[180] Tang J T, Tang Z, Lohrke F T. Developing an entrepreneurial typology: The roles of entrepreneurial alertness and attributional style [J]. International Entrepreneurship and Management Journal, 2008, 4 (3).

[181] Tomlinson P R. Co-operative ties and innovation: Some new evidence for UK manufacturing [J]. Research Policy, 2010, 39 (6).

[182] Trianni A, Cagno E, Worrell E. Innovation and adoption of energy efficient technologies: An exploratory analysis of Italian primary metal manufacturing SMEs [J]. Energy Policy, 2013.

[183] Tsai K. Collaborative networks and product innovation performance: Toward a contingency perspective [J]. Research Policy, 2009, 38 (5).

[184] Vespignani A. Modelling dynamical processes in complex socio-technical Systems [J]. Nature Physics, 2012, 8 (1).

[185] Waddock S A, Graves S B. Quality of management and quality of stake holder relations [J]. Business and Society, 1997, 36 (3).

[186] Watts D J, Strogatz S H. Collective dynamics of "small-world" networks [J]. nature, 1998, 393 (6684).

[187] Welch E, Mori Y. Voluntary adoption of ISO14001 in Japan: Mechanisms, stages and effects [J]. Business Strategy and the Environment, 2002 (11).

[188] Worthington I, Patton D. Strategic intent in the management of the green environment within SMEs [J]. Long Range Planning, 2005, 38 (2).

[189] Yagˇan O, Gligor V. Analysis of complex contagions in random multiplex networks [J]. Physical Review E, 2012, 86 (3).

[190] Zeng A, Zhang C J. Ranking spreaders by decomposing complex networks [J]. Physics Letter A. 2013.

[191] Zhang H, Zhang J, Zhou C, et al. Hub nodes inhibit the outbreak of epidemic under voluntary vaccination [J]. New Journal of Physics, 2010, 12 (2).

[192] Zhang X, Zhao N. The model and simulation of the invulnerability of scale-free networks based on "Honeypot" [J]. Journal of Networks, 2011, 6 (6).

[193] Ziegler A, Nogareda J S. Environmental management systems and technological environmental innovations: Exploring the causal relationship [J]. Research Policy, 2009, 38 (5).

后　记

　　本书是在本人博士后出站报告基础上修改完成的。博士后三年多的时光恰好也是我入职后从迷茫找到方向的三年。2015年毕业后，我从一个学校走入另一个学校，开始了为人师表的职业生涯。在教学和科研工作中，我迷茫过，焦躁过，也快乐过，满足过。而后我逐渐地适应了这种需要慢慢积累逐年沉淀才能有所收获的过程。于是，我平和了很多，在教学中体会到了教书育人的乐趣和成就感，在研究中开始摸索到了论文和项目研究的价值。如今我已经从教五年了，这段时间我没有遗憾，我努力了，我要感谢曾经努力的自己。当然，以后还需继续努力，前景可待，未来可期。

　　我要由衷地感谢我的博士后合作导师綦良群教授。感谢綦老师这三年多对我的培养和帮助，感谢他以深厚的学术功底、严谨的学术态度和渊博的知识引领我在学术科研的道路上前行。更感谢他以丰富的社会经验和人生哲理教导我如何做人。每一次申报课题，他都鼓励我要积极踊跃，还教导我要脚踏实地搞研究。在我焦虑的时候是他告诉我要踏踏实实地积累，成果会随之而来。

　　感谢我的博士导师徐建中教授，是徐教授引领我进入企业低碳发展的研究领域，是他带着我们一次次调研，深入实践。徐老师渊博的学识、丰富的经验、平易近人的品格深深地影响着我，尤其是老师时刻不忘传授给我为人处世的智慧，无论是在日常相处、学术探讨还是实践项目调研过程中，老师每一句简单的话语往往都蕴含着丰富的道理，使我终身受益。没有老师的鼓励和无私帮助，我就无法如愿开启博士求学生涯，没有老师的耐心教导和培养，我也不可能迅速填补薄弱的基础、拓宽社会视野、培养学术能力，更无法取得丰硕的科研和实践成果。在此，谨向恩师献上我最真挚的感激和祝福：感谢您这些年来的无私帮助和培养，学生永远铭记于心，祝您永远健康幸福。

感谢我的爱人，我们是从学生时代相识相知的朋友，现在更是在工作和生活中都搀扶陪伴的好伴侣。感谢先生总是在我身后支持我，我想对他说："前路漫漫，我愿风雨同舟，携手相伴。"感谢我的父母家人，无私的亲情让我始终充满前进的动力。感谢我亲爱的朋友们，在我需要的时候鼓励我、帮助我。感谢我的同事们，在我遇到困难的时候帮助我分担了工作，感谢他们对我工作的支持和鼓励。

感谢经济科学出版社崔新艳老师对本书出版工作的大力帮助和辛勤付出，她在出版过程中对内容的认真审查和负责态度让我受益匪浅，深表感谢。最后，感谢领域内各位学者们为本书研究奠定的坚实基础和带来的深刻启发。本书在列举观点、引证文献中若有疏漏和不当之处，在此深表歉意，恳请各位专家学者的谅解，并敬请批评指正。

徐莹莹

2020 年 11 月 25 日